U0084089

古典文獻研究輯刊

初 編

潘美月・杜潔祥 主編

第31冊

《商周金文錄遺》考釋（中）

沈 寶 春 著

國家圖書館出版品預行編目資料

《商周金文錄遺》考釋(中)／沈寶春著 -- 初版 -- 台北縣永和市：花木蘭文化工作坊，2005〔民94〕

目 3 + 333 面；19×26 公分（古典文獻研究輯刊 初編；第 31 冊）

ISBN：986-7128-19-2（精裝）

1. 金屬器物 - 文字 - 研究與考訂

793.2　　94020430

ISBN 986-7128-19-2

古典文獻研究輯刊
初 編 第三一冊　　ISBN：986-7128-19-2

《商周金文錄遺》考釋（中）

作　者　沈寶春
主　編　潘美月　杜潔祥
企劃出版　北京大學文化資源研究中心
出　版　花木蘭文化工作坊
發 行 所　花木蘭文化工作坊
發 行 人　高小娟
聯絡地址　台北縣永和市中正路五九五號七樓之三
電話：02-2923-1455／傳眞：02-2923-1452
電子信箱　sut81518@ms59.hinet.net
初　版　2005 年 12 月
定　價　初編 40 冊（精裝）新台幣 62,000 元

《商周金文錄遺》考釋（中）

沈寶春　著

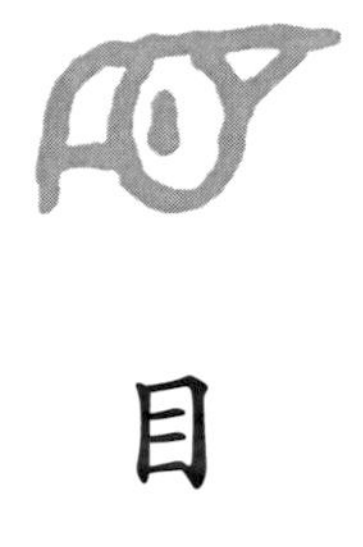

目　錄

上　冊

《商周金文錄遺》考釋器名目錄

《商周金文錄遺》考釋凡例

中　冊

下　冊

第三章　酒器

古者，儀狄作酒醪，杜康作秫酒[註1]，酒之起原頗省。然自史乘經傳，銅器彝銘記載中，可知商人尚酒縱飲、周人禮酒節飲之習，故今銅器所見，蓋以酒器為多。史記殷本紀言紂以酒為池，為長夜之飲[註2]。尚書酒誥言「庶群自酒，腥聞在上。」又言「殷之迪諸臣惟工，乃湎于酒。」盂鼎銘云「惟殷邊侯甸粵殷正百辟率肆于酒。」知商人之嗜酒也。「百福之會，非酒不行」，「為酒為醴，以洽百禮」，尚書酒誥、無逸之戒民以酒，此周人之「不為酒困」也[註3]。故孔叢子之遺諺云：「堯舜千鍾，孔子百觚，子路嗑嗑，尚飲十榼。」雖不盡可信，然商周之尚酒，表露無遺。

酒器之屬，曰爵，曰角，曰斝，曰盉，曰鐎，曰尊，曰觚，曰觶，曰方彝，曰卣，曰觥，曰壺，曰罍，曰缾，曰䍡，曰缶，曰甔，曰卮，曰桮，曰禁，曰勺。今本書所收錄之酒器，曰尊二十六，罍九，壺十七，卣四十六，斝十，盉五，觚六十六，觶十五，爵一百又三，角一，凡二九八器，又本書以方彝八及鋌一，錇四，勺三，杯一入雜器。

第一節　尊

夫商周彝器，尊彝乃共名而非專名，凡彝器皆得稱之。自來以來，考器定名，乃有「尊」之一類，蓋指狀如圓柱，鼓腹侈口，腹上或有四獸首，或四面有棱者。形似觚觶而巨。其銘多在腹內或足（方足）內側，甚至有在口上者。

一、銘文：

181—182　又尊一—二

181

182

二、隸定：

又

三、考釋：

又字契文作又〈藏·七·四〉、又〈拾·三·十五〉、又〈菁·九·五〉、又〈戬·六·十三〉形，金文作又又盉〈青七〉、又敔又戈〈三代·十九·十五〉、又宰椃角〈三代·十六·四八〉、又盂鼎〈三代·四·四二〉、又沈子簋〈三代·九·三八〉、又明公簋〈三代·六·四九〉、又史頌簋〈三代·九·七〉、又函皇父簋〈三代·八·四十〉形。吳大澂疑為古「妣」字，又字作又持杖形，去杖為妣，即妣之省文（註十）。而諸家悉釋為「又」。高田忠周（註三）、高鴻縉（註 ）皆言象右手形，手本五指，只作三指者，古人皆以三表多，後借為又再之又，乃通段右助之右以代之，久而成習，乃加人旁作佑，以還右助之原。而凡人作事，多以右手，故从又之字，多有製作之意。羅振玉言卜辭左右之「右」，福祐之「祐」，有亡之「有」，皆同字（註7）。今按卜辭並借為又再之又及右祭之右。此當以左右為本義，象形。餘為借義。說文三下又部云：「又，手也。象形。三指者，手之列多略不過三也。」契、金文與小篆正同，均象右手之形。然古文正反每無別，惟又象右手，𠂇象左手，則劃分甚明（註8）。卜辭之又，右師也，即是右氏，鄴羽三下、四三、九有「亞侯又」，又氏之為亞侯，尚有殷銘足徵〈續存.上.三六〉（註9）。「又」族所作之器，尚有又盉〈青.七〉，𢽎又罍〈青.十二〉，𢽎又戈〈三代.十九.十五〉，又鼎〈韡華乙上.三〉，亞又方彝〈三代.六.十九〉等器。唯其國地人名，則經傳無徵。文獻不足故也。

四、註：

1. 參見說文十四下酉部酒字說。又戰國策、世本、古史考、玉篇、博物志、呂氏春秋、陶淵明集述酒詩序具有此說。參見魏品壽、高粱酒一書三－四頁。
2. 六韜亦云：「積糟為丘，以酒為池。」
3. 參見論語、子罕篇。
4. 參見愙齋七冊九頁王作姒𪔂敲。
5. 參見古籀篇五十六第六頁。

6.參見字例二篇九四頁。

7.參見增考中十九頁上。

8.參見李孝定、甲文集釋第三，八九三頁。

9.參見丁山、氏族及其制度六三頁。

183 虎尊

一、銘文：

183

二、隸定：

虎

三、考釋：

銘同者又見柢父乙壺〈三代十二.六〉。甲文作[illegible]〈續五.七九〉形。字从屮从虎，于氏自隸「虎」字，或其繁文。此用為氏族之名或人稱。

184 夰尊

一、銘文：

184

二、隸定：

亭

三、考釋：

甲文無□字，有□（後下四三.六）字。金文作□（父乙尊 三代十一.九）、□（□羊簋 三代六.八）、□（□父乙卣 攈一之三四）、□（父乙觶 三代十四.四四）、□（父丁爵 三代十六.十一）、□（丁□羊鼎 三代二.三二）、□（□爵 三代十六.九）形。其文習見，歷來皆釋作「重屋形」，為「重檐複笮之象形」，乃殷人之制（註1）。或象天子之廟飾（註2）。方濬益引隋書牛弘請修立明堂議、引蔡邕論曰：明堂者，所以宗祀其祖，以配上帝也。夏后氏曰世室，殷人曰重屋，周人曰明堂（註3）。柯昌濟或釋重A一（讀若集），又云頗象重屋字，以為冊命之地（註4）。又以為京字（註5）。而吳式芬引許印林說是祖字（註6）。李孝定疑為宀之異構（註7）。馬叙倫則說為「亯」之異構，其言曰：「舊釋重屋彝之□及□形父丁方鼎之□相證，則此非重屋形也。□中之□與□實同，而舊釋善父戊觶之□，亦即□也。亯父辛彝之□又即□也。舊釋重屋爵之□，在金甲文中，皆可證其為亯字。吳式芬釋□為亯，說文亯之重文作□，正與□近，以此互證，則□為亯之異文。亯即烹調之烹本字，亦與鬻一字（詳疏證）。爵文作此，蓋作器者為善於調味者，即膳夫也。□即說文之𦎧字，𦎧固亯之轉注字，亯音曉紐，𦎧從羊得聲，羊音喻四，同為次清摩擦音也。喻四古歸定，𦎧音轉入禪紐，古讀禪亦歸定也。然則□之為亯益

明。」（註8）

考甲文「亯」字作□（藏二、三、一）、□（後下七、九）、□（藏一五二、三）形，金文作□師□父鼎（三代四、廿六）、□郜伯祀鼎（三代三、四九）、□蔡侯盤（蔡三八）形。字本象宗廟之形（註8）。然下皆作口非冂形。而京字甲文作□（後下二十、十六）、□（前四、三三、六）形，金文作□矢方彝（三代六、五六）、□靜簋（三代六、五五）形，字下象三足鼎立之形，無作二豎之形者。竊疑當為「亭」之初體象形。說文五下高部云：「亭（□），民所安定也。亭有樓，从高省，丁聲。」□正象其層樓側視之形，△象上屋，△為下屋，冂為亭柱之形。甲文雖未見□之形，然高字作□（前一、三四、五）、□寓簋（三代六、三九）。後下、四三、六之□當即高字，其□正與亭形同。說文五下高部既云高象臺觀高之形，是說文言从高省，殆其源有自。釋名、釋宮室云：「亭，停也。亦人所停集也。」此字象形，說文亭字乃後起形聲字。此器銘則用為氏族之稱或人名。荀子、解蔽云：「桀死於亭山」，注：「亭山，南巢之山，即淮南子之歷山。」」或有以亭名地者。

四、註：

1. 參見阮元、積古卷一、二十二頁重屋父丁彝。
2. 參見徐同柏、从古卷十四、二十六頁商祖己觶。
3. 參見綴遺卷十六、三頁重屋觚。
4. 參見韡華三二一頁重屋形盤。
5. 參見韡華六一三頁丁京羊鼎。

6.參見攈古卷一之一，三十六頁重屋爵。
7.參見金詁附錄(一)五七二頁。
8.參見刻詞十一十一頁高爵。
9.參見歷萬里、甲釋二七二頁。

一、銘文：

185 并尊

185

二、隸定：

友

三、考釋：

于氏自隸作「并」，無說。羅振玉云：「卜辭有作䢔者，亦友字。卜辭中又亦作ꟻ，斯ꟻ亦作䢔矣。其从二與䢔同意。」(註1)葉玉森謂羅氏所舉䢔字見卷七第一葉四版，辭云：「貞翼今𡚸早方䢔古事。」䢔之意誼似非友，亦非侑，或別為一字(註2)。考說文三下又部云：「友，同志為友。从二又相交。𠬛，古文友。㕛，亦古文友。」此銘作䢔，與說文古文同。商氏承祚云：「甲骨文同篆；又作䢔(註3)，象兩手相連助，與𦣝象二人相并，義一也。𠬛乃幷之誤析。」(註4)故當為「友」字。并字，甲文作𢑟(後下、三四、三)、𢑟(鐵三三、三)形，說文八上从部云：「𢑟，相從也。从从幵聲。一曰从持二干為幷。」蓋象二人相併从之形，與此形殊，故以釋「友」字為允。左僖十六年傳疏言「魯公子友」，古今人表紀鄭桓公友，是皆以「友」為名，此則友族或名友者所作之禮器。

四、註：

1. 參見增考中二十一頁下。
2. 參見前釋卷四第三十八頁上。
3. 參見前、七、一、四。
4. 參見古玫二十五頁。

一、銘文：

186—187 旅尊一一二

186

187

二、隸定：

旅

三、考釋：

「旅」字，契文作□（藏九十二）、□（前一·三·六）、□（前四·三·七）、□（甲一七八）、□（後下四·八）形。金文作□且辛爵（三代·十六·三七）、□作父戊簋（三代·六·三九）、□旅遹甗（三代·五·十三）、□旅虎簠（三代·十·九）、□虢弔盉（三代·十六·十三）、□仲𨟻盨（三代·十·十三）、□滕侯毁（三代·八·九）、□曾大保盆（三代·十八·十三）、□季念鼎（三代·三·十八）形，亦有从辵、从車者，若□曾伯簠（三代·十·二六）、□作旅簋（三代·六·九）、□家尊（三代·十一·十六）、□酉卣（三代·十三·五九）形。羅振玉言「象人執旂形，古者有事，以旂致民。」（註1）方濬益釋「旅」之象形，象三人共舉形（註2）。馬叙倫言舊釋立旂形孫孫孫，實為以旗致萬民，此□，即說文之㫃字，□即說文之□字一群字」（註3）。郭沫若言象三、二人奉車，而車上載旌，當即「旅」之初字（註4）。劉節則謂象蓬帳下有人之形（註5）。李孝定言「象旂下聚眾之形，軍旅之本義也。引申之為眾為陳，段借為鑪為魯。」（註6）林潔明闡釋益明，其言云：「軍必有旂，故字从㫃。軍必集眾人而成，故字从从，从、眾人也。許云俱也。非是。甲骨文旅字皆作□，其後有車戰，故字又从車。又軍旅之事必以行，故又从辵。旅之為軍旅，故有陳義。行軍之際，必有盟誓、祭祀，故引申之而有祭義。旅彝其初當為軍旅祭祀盟誓之器，其後則引申為陳祭宗廟之器也。」（註7）其說可从。說文言「旅」古文以為魯衛之「魯」，郭氏亦以「魯本殷時古國，疑其初民本以此圖形文字為其族徽（註8）。」考「旅」作□者，若旅父乙卣（三代·十三·四九）、旅父辛卣（三代·十三·五四）、庚父己簋（三代·六·三九）、且丁甗（三代·五·二）、旅父辛觚（三代·十四·二六）、及錄遺所著錄一八六、一八七、三〇〇、三〇一，五三五諸器，乃古金之「旅」，皆為族稱或作器者之名。

旅於卜辭為貞人名，偽古文尚書有旅獒，序云：「西旅獻獒，大保作旅獒」，疏云：「西方之戎有國名旅者」，漢書功臣表亦有旅卿，故知此旅乃氏族之稱或人名。

四註：

1. 參見增考中二十頁下。
2. 參見綴遺卷十、二十二頁舉旂父乙卣。
3. 參見刻詞一三八頁立旂爵。
4. 參見青研二十六頁戊辰彝考釋。
5. 參見攷存一六七頁壽縣所出楚器考釋。
6. 參見甲文集釋第七、二二二八頁。
7. 參見金詁卷七、四二六五頁。
8. 參見青研二十六頁戊辰彝考釋。

188 衛尊

一、銘文：

188

二、隸定：

衛

三、考釋：

殷契衛字作□（藏、一三三、二）、□（後下、二二、十六）、□（甲編、四三六）、□（佚、三八三）形，古金文作□（弓衛且己爵 三代、十六、二七）形者，又見於弓衛父庚爵（三代、十六、三十）、衛爵（三代、十九、五）、子衛爵（錄遺四三一）諸器銘。或與契文無別，作□（伯衛父盉 小校、九、五三）形，或作□（衛子盨 三代、十、十三），□（司寇良父壺 三代、十二、十五）形。羅振玉以為卜辭韋、衛一字，从口从□，象衆足守衛口內之形（註1）。方濬益言□即衛之古文，□為方城，外為四足迹形。足迹為古文止，象四匍環衛之形（註2）。楊樹達釋為韋字，足趾皆象由城他去之形，故為違離之義（註3）。而與契文無別之衛，或釋防（註4），釋彷（註5）。然防、彷皆不从止，其說不辨而明。而楊氏以古文中，止之向背有意存焉，「所舉降、陟兩字為例，誠不可易，若謂違離他去，則止當背城作□，且一或兩止已意足，不必由四止環城，今衛所从止無一背城者，楊說不能無疑」（註6）。故以羅、方二氏之說較長。葉玉森以衛在殷為官名（註7）。周名輝以衛為國族名（註8）。陳槃則以郼、韋、衛為一字異體，衛國于朝歌，本殷舊都。左哀二十四年傳、杜注云：「東郡白馬縣東南有韋城，晉白馬縣當今滑縣東境一帶，其四圍正在古所謂河濟之間，呂氏春秋有始覽又云：河濟之間為兗州，衛也。」（註9）於此則為作器者之名。而由本書四三一器銘「子衛」言之，則其或為子爵也。

四、註：

1、參見增考中、六十五頁上；又商承祚、十二弍十二、弓衛祖己爵同。

2、參見綴遺卷十一、三十一頁衛父卣·

3、參見積微四十六頁夆父丁鼎跋。

4 參見郭氏、卜通二冊一〇三頁下四七五片釋文·又高鴻縉、字例六篇二三七頁。

5、參見周名煇、古籀考卷上、六一七頁。

6、參見金詁卷二、一〇八九頁張日昇說。

7、參見枝譚二頁十八行。

8、參見古籀考卷上、六一七頁。

9、參見諟異一冊二九一三〇頁。

189 [illegible]井尊

一、銘文：

189

二、隸定：

[illegible]井

三、考釋：

此尊銘李孝定言「象人捧杵臼而臨井上擣作之形」，疑係『舂』

「井」二字之合書。」（註1）考「舂」字甲文作[glyph]（後下·二十·十三）、[glyph]（續·五·二·四）形，金文作[glyph]（伯舂盉 三代·十四·八）形，字「象兩手奉杵，高舉臨臼擣粟之狀」（註2）。此則大異其趣，象人跪執一斂腰之物，李氏之說恐非。字不可識，本義未詳。此當用為國名或氏族之稱，「井」蓋作器者之名。

四、註：

1. 參見金詁附錄(一)二一一九頁。

2. 參見甲文集釋第七、二四〇六頁。

一、銘文：

190 買車尊

190

二、隸定：

買車。

三、考釋：

甲文有買字作[glyph]（甲編二七六）、[glyph]（乙·五三二九）、[glyph]（乙·八七三八）、[glyph]（粹·一五五二）、[glyph]（新寫三六六）形。金文作[glyph]（買王卣 三代十三、二）、[glyph]（吳買鼎 三代三、三）、[glyph]（買簋 三代八、三九）形。商承祚謂象以网取貝之形（註1）。屈翼鵬言字不可識（註2）。或釋「買」而無說（註3）。說文六下貝部云：「買，市也。从网貝。孟子曰：『登壟斷而网市利。』」小篆與契、金文正同。於金文用為國族名或人名。左僖二十八年傳有魯公子名買者。此銘乃買氏名車者所作之禮器。銘同者又見本書二四二買車卣及三三一買車觚二器。

四、註：

1. 參見佚考六六頁下。
2. 參見甲釋四四頁
3. 參見郭氏、粹考二。七頁下；金祥恒、續文編六卷十七頁下。

191 冉𦆐尊

一、銘文：

191

二、隸定：

冉𦆐。

三、考釋：

「冉」，當為「冉」字，此用為氏族之稱。下銘从爪从三魚，說文所無，本義未詳。此乃作器者之名。或以為捕獲多魚而立冊為紀(註1)。恐有未允。同銘者又見本書二八九冉𩻛盉、三二八、三二九冉𩻛觚三器。

四、註：

1、參見衛聚賢、文字學七二頁。

192 且癸尊

一、銘文：

192

二、隸定：

褱，且癸。

三、考釋：

銘首「[illegible]」字乃「褱」之古文，此用為族徽或人名。乃「褱」為其祖癸所作之尊也。

一、銘文：

193. 父丁曾尊

193

二、隸定：

父丁，囱。

三、考釋：

「囱」為「曾」之古文。此乃囱氏或名囱者為其「父丁」所作之禮器也。

一、銘文：

194 豙父丁尊

194

二、隸定：

豙，父丁。

三、考釋：

契文有⿱大豕字作□（藏九五．一）、□（藏二〇〇．一）、□（後下三五．三）、□（甲二．五．六）、□（戩四．三）形，金文圖其形作□（⿱大豕妣辛簋）（三代六．二三）形，銘又見⿱大豕父甲斝（三代十三．五十）、⿱大豕鼎（三代二．二）、父乙⿱大豕觚（三代十四．二四）、⿱大豕父丁爵（三代十六．八）諸器。方濬益以「子下作豕形，此子以豕祀其先妣，少牢饋食禮也。」（註1）柯昌濟亦謂「豕紀祭祀之物」（註2）。皆猜謎射覆，昧於辭例。李孝定曰：「字為『大』『豕』合文，亦屬族徽，惟音讀不可知耳。卜辭亦有此字作『□』，為人名或方國之名。」（註3）魯實先先生曰：「⿱大豕即豨之古文，當以大豕為本義。非如說文所謂『豕走豨豨也』，⿱大豕於姓氏即豨韋氏之豨。」（註4）考莊子．大宗師：「狶韋氏得之」，外物篇：「以狶韋氏之流」；國語．鄭語：「大彭豕韋為商伯」，狶韋即豕韋。由此知豕、豨、豬本係一物（註5），說文九下豕部云：「豕，彘也。讀與豨同。」故古有豨氏。此乃⿱大豕（豨）氏為其父丁所作之禮器。

四、註：

1. 參見綴遺卷六、十二頁子豕妣辛敢。
2. 參見韡華二六一頁子豕妣辛彝。
3. 參見島邦男、殷虛卜辭綜類三八頁下欄；李說見金詁附錄(一)八五頁。
4. 參見假借遡原一五七頁。
5. 參見方言、八。

一、銘文：

195 亞中獏父丁尊

195

二、隸定：

亞獏，父丁。

三、考釋：

此器銘亞中著一「獏」字，下作「父丁」。或云上亞形為宗廟，亞中為莫（暮），下為犬。言狗之視覺，暮則懵然，行近有犬之地，必先揚聲，以避犬噬也。下為「父丁」，言父丁鑄此文字以作警告也(註1)。釋形解義，而不知彝銘辭例，必落穿鑿之嫌。惟其釋字形為「上莫下犬」則是。「獏」字，甲文未睹，金文則用為專名，周書王會：「不令支元獏」，注云：「獏，白狐。元獏則黑狐。」獏本獸名，白狐也。狐形似犬而瘦，體長四、五尺，口吻尖突，耳殼為三角形，四肢細，尾長，穴居山林中，晝伏夜出(註2)，故字从莫从犬也。此則用為氏族之稱或人名。或析「獏」為

「莫犬」二字，乃「莫方犬氏」所作之禮器(註3)，恐有未允。此則「獏」為其父「父丁」而作之禮尊也。

四、註：

1. 參見衛聚賢、文字學七三頁。
2. 參見辭海、犬部、狐字解，一八八八頁。
3. 參見魯實先先生、殷契新詮。

196 亞中龔父辛尊

一、銘文：

196

二、隸定：

亞龔，父辛。

三、考釋：

亞中著「龔」，从龍从収，龍圖一爪。此乃龔氏為其父辛所作之禮器。

一、銘文：

197 □父癸尊

197

二、隸定：

耒冊，父癸。

三、考釋：

此器銘「□」形，又見冊匜〈三代十七、二三〉、奉冊舟卣〈三代十三、四四〉、奉冊父丁觶〈三代十四、五〉、奉冊父癸尊〈三代十一、十二〉及奉冊形父丁鼎〈三代二、二二〉諸器銘。劉心源以形蓋昇冊之象〈註1〉。方濬益釋奉冊〈註2〉。高田忠周言為「䡿」字異文〈註3〉。殆悉以夊為又也，其誤不言可喻。徐中舒以字从兩耦从冊，而疑為古代爵秩之爵，而作是器者，即所謂官司耤田者與冊所以表受命也〈註4〉。馬叙倫則謂夊皆耒之初文，四夊蓋陳列之多耳〈註5〉。白川靜謂「奉冊之形，概以左右二耒重疊，其上置以冊字，表示將來耜格納冊祓之形」，而以作器者為專司神用農具之祝祓或庋藏之人〈註6〉。字蓋从四耒形，中置冊字。「□」乃「耒」之繁文，象耒耜之形。此蓋用作方名或氏族之稱。而云「耒冊」者，猶作冊大鼎〈三代四、二十〉、矢令簋〈三代九、二七〉、矢令彝〈三代六、五六〉之「

鳥（一難）冊」，作冊般甗（三代五・十）之「來冊」，或為作器之姓氏，蓋其本為作冊之官，故以官為氏；或以「冊」乃動詞，契刻之意（註7），恐有未允。

四、註：

1. 參見奇觚卷八、三十頁舁冊匜。
2. 參見綴遺卷十四第一頁奉冊匜。
3. 參見古籀篇五十八第七頁。
4. 參見耒耜考，載集刊第二本一分四九－五○頁。
5. 參見刻詞六六頁甘[illegible]匜。
6. 參見作冊考，載中國文字四十冊三○頁。
7. 參見王永誠、先考一八九－一九○頁。

一、銘文：

198

198 車父辛尊

二、隸定：

車个，父辛。

三、考釋：

此亦車氏所作之器。「个」字又見个簋（三代六四）。容庚言與泉幣紀數「九」字相同（註1）。吳式芬以古經介多作个，是个即「介」（註2）。吳其昌以个字實象矢鏃之形，引申同枚，故一矢為一个，一个猶一枚也。後人猥睹竹葉如个，遂訓个為竹枝，乃瞢然憒憒，不知物之本象（註3）。馬敘倫則言其實鏃之象形文，故矢字從此作，此器蓋以造鏃為業者所作（註4）。李孝定據半坡、二里頭、小屯、城子崖上文化層諸期陶器，其文數見，而疑其為古之氏族，个即个，亦即今語「箭」之古象形文（註5）。周法高增益其說，以「个讀為笴，周禮考工記注：『笴，矢幹也。』廣雅釋草：『笴，箭也。』」（註6）今從李、周二氏之說，隸為「个」，象箭鏃之形，讀為笴。於此蓋用為人名。本器乃車方名「个」者為父辛所作之尊。

四、註：

1. 參見金文編附錄上、三五，八五八頁。
2. 參見攈古卷一之一、五頁个彝。
3. 參見金文名象疏證一八八－一一九○頁。
4. 參見刻詞六二－六三頁矢彝。
5. 參見金詁附錄(一)六一八頁。

6.參見金詁附錄(一)六一八頁。

199 女子匕丁尊

一、銘文：

199

二、隸定：

女子，匕丁。

三、考釋：

甲骨、金文悉用「匕」為「妣」。考甲文匕字作ㄣ〈餘十二〉、ㄱ〈拾一·十〉、人〈後上二·十〉、ㄣ〈戩二三·十〉形，不作「妣」。而彝銘若豕妣辛簋〈三代六·三〉、妣戊妣辛鼎〈三代二·三〉、我鼎〈三代四·二〉諸器作「人」形；木工鼎〈三代三·八〉、妣己觚〈三代十四·二七〉等器銘作「入」形；作義妣鬲〈三代五·十八〉、召仲作生妣鬲〈三代五·三四〉、陳侯午錞〈三代八·四二〉等器銘作「𠤎、𠤎」形；而作「妣」者，僅見於鄦侯簋〈三代八·四三〉銘耳。齊鎛〈三代一·六六〉銘或从爪作「秕」。說文八上匕部云：「匕，相與比敘也。从反人。匕亦所以用比取飯，一名柶。」或釆說文比敘之意，高田忠周〈註1〉是也；或从反人之說，吳其昌〈註2〉、楊樹達〈註3〉是也。郭沫若則言祖妣為牡牝之初字，匕迺匕柶字之引伸，蓋以牝器似匕，故以匕為妣若牝(註4)。又以柶為銳末曲柄，若今之羹匙(註5)。而曹詩成，以柶似勺，有斗，可以挹流質；匕大二字當象叉形。亦即古匕器之原形，蓋以棗棘為之(註6)。何漢南則以匕形制略如飯匙，似勺而稍淺，既可標飯，又可叉肉，銳首而薄，形似箭簇，而以銅木為之(註7)。然審其形構，無慮數百，雖或有「象人鞠躬匍伏之左（一右）側形者」(註8)，乃一、二變體，不足依憑，更遑論言「女異於男，故造文者就人字而反其形」也(註9)。按字正象匙形，為「匙」之初文(附圖)。說文釋「柶」是也。至言「相與比敘」，此誤以「比」義相釋。此則用為「妣」之初文。爾雅、釋親：「母為妣」。然金文匕皆用為祖妣之妣。此尊蓋女氏名子者為「妣丁」所作之禮器。

四、註：

1. 參見古籀篇三十七第四三頁。
2. 參見金文名象疏證五六一—五六二頁。
3. 參見小學三八—三九頁、釋匕。
4. 參見甲研釋祖妣，三四—三六頁。
5. 參見餘醳之餘、釋氒氏二三八—二四○頁。
6. 參見匕器考釋三九—四二頁，載史學年報二卷五期。
7. 參見陝西省永壽縣武功縣出土西周銅器，載文物一九六四年、七月，二一—二三頁。

8、參見金文名象疏證五六一—五六二頁。

7、參見小學三八—三九頁。

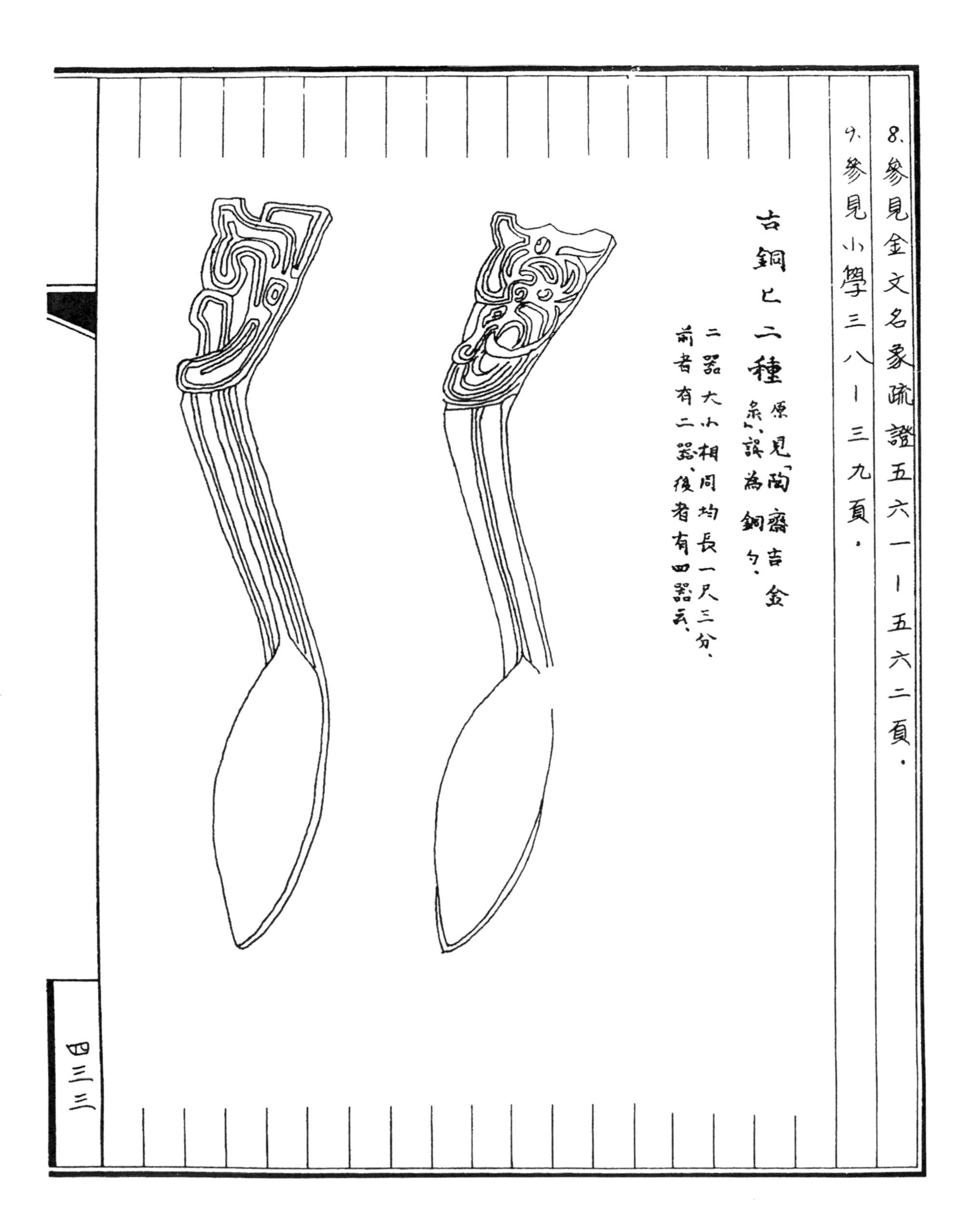

古銅匕二種 原見「陶齋吉金錄」，誤為銅勺。

二器大小相同均長一尺三分，前者有二器，後者有四器云。

200 𠭯尊

一、銘文：

200

二、隸定：

𠭯作尊彝。𠭯。

三、考釋：

此𠭯所作之禮器。「𠭯」从刀从又，乃「刀」之繁文，用為方國之名或族稱。與本書一三三器同銘，故詳見前考釋。

201 亳作母癸尊

一、銘文：

201

二、隸定：

亞㠱矦毫乍母癸。

三、考釋：

此蓋㠱國器。乃矦氏名毫者為祭祀其母癸而作之器。詳見本書六五毫乍母癸鼎考釋。

一、銘文：

202 ⿱犬廾者君尊

二、隸定：

⿱犬廾者君乍父乙寶隣彝。[illegible]。

三、考釋：

「⿱犬廾」字，从犬从廾。容庚釋作「⿱犬廾」(註)，說文所無，經傳恐亦遺逸。殆為「犬」之緐文，此或為侯國之名或氏族之稱。「⿱犬廾者君」乃作器者之名。全銘銘意係⿱犬廾者君為「父乙」所作之寶隣彝。銘末「[illegible]」字，殆為鑄工之名或族稱，字不可識，闕。

四、註：

1、參見金文編附錄下、十

一、銘文：

203 由白尊

203

二、隸定：

【八】古白曰：【□】卭乍隣彝。曰：毋入于公。曰：古白子曰：【□】坙父彝。【四】【田】，唯毋入于公。

三、考釋：

此器銘文聱詰奇譎，重沓挫頓，未可直讀，而文義隱晦，則若義山詩。銘首之字，蝕泐缺損，剩「八」殘文。「古白」者，人名也。古字甲文作□（藏、八九、二）、□（甲一七六）、□（前、八、十二、四）形，金文作□（師旂鼎 三代四、三一）、□（盂鼎 三代四、四二）形。說文三上古部云：「古，故也。从十口，識前言者也。□，古文古。」與甲骨、金文之形相合。或釋叶（註七）。未允。

古乃國名，白其爵稱，伯也。

「曰」者，甲文作曰〈餘、十六、二〉、曰〈前、二、三三、二〉、曰〈戩、十二、二〉形，金文作曰洗子簋〈三代、九、三八〉、曰陳猷釜〈三代、十八、二三〉形。說文五上曰部云：「曰，詞也。从口乙聲。亦象口气出也。」然甲骨、金文皆不从乙，是段氏改為「从口，乚象口气出也。」字於甲文，口上著一短橫畫，謂詞之自口出也。曲之作乚，乃書者徒逞姿媚，非篆體本然也〔註2〕。「曰」者，義與「謂」、「云」同。

「𡚨」字从大从𠂤，未識何字。李孝定言象手執器形，與「短」同意〔註3〕，似有未允。「卸」字，甲文作𢓊〈藏、百三〉、卸〈藏、二三、四〉、卸〈拾八、十三〉、卸〈後上、十六、四〉、卸〈餘十五、三〉、𢓊〈前、二、十八、六〉、𢓊〈前、六、六、三〉、御〈後下、十二、九〉形，金文作卸盂鼎〈三代、四、四二〉、卸大保簋〈三代、六、四一〉、卸麥盉〈三代、十四、十一〉、御牧師父簋〈三代、八、二六〉、御頌壺〈三代、十二、三十〉形。或釋「糾」字〔註4〕；或釋「卲」字〔註5〕；而以釋「御」為允。羅振玉曰：「（𢓊）从彳从𢆶，𠂤與午字同形，殆象馬策，人持策於道中，是御也。」〔註6〕聞宥則以𠂤實不像馬策形，而言「此午實為聲，㔾象人跪而迎迓形，彳，道也。迎迓於道，是為御，詩云：『百兩御之』，箋云：『御，迎也。』迎則客止，故又孳乳加止，客止則有飲御之事，故又孳乳訓進、訓侍。諦言之，當曰：从行从卪从止，午聲。其作𢆶者，省文也。其訓迓者，朔誼，他訓為後起誼。」〔註7〕許進雄以「（𢆶）从㔾，象人跪坐以祈禱狀，而以午聲，明所禱者，乃有關不順之事。」〔註8〕觀甲骨、金文，知御本作「卸」

，後增彳若辵旁為意符，本誼訓迓(註9)，从卩午聲(註10)。字於此則為人名。「𠬝卯」殆係作器者之名。

「入」字，甲骨、金文作∧(藏·四四·四)、人(前·二·一·一)、入(戩·四三·七)、入(五師簋 三代·九·十八)、人(兮甲盤 三代·十七·二十)、入(大鼎 三代·四·三三)形。說文五下入部云：「入，內也。象从上俱下也。」林義光言象銳端之形，形銳乃可入物也(註11)。何大定則以入、宀為一字(註12)。張日昇言字象箭鏃之銳，蓋取其通象也(註13)。說皆未允。卜辭常見「王入」、「王勿入」，或曰「入某」、「入于某」，入字通訓自外而來(註14)。此銘言「毋入于公」、「唯毋入于公」，與卜辭辭例同，或即所謂「凡娶判妻入子」(註15)之「入子」，言毋嫁于公家也。

「𠦪」字，李孝定疑从克从廾，字不可識(註16)。然以文意擬之，似為動詞，用與「乍」、「為」字同。其義蓋謂「𠬝卯作𣄨父彝」，「𠦪」、「乍」、「為」，其義相近。

「四⊕」二字，四字或釋「禹」(註17)；或釋「丙」(註18)；或釋「巿猶芾」(註19)，然禹字甲骨、金文皆作禹，象器物之形；蔽膝之巿亦與此不類；唯「丙」形近之。下「⊕」不識，四⊕義未詳。

此器于氏自隸為「由白尊」，當作「古白尊」為然。

四、註：

1. 參見楊樹達、求義五八頁上；又見甲文說六三頁瑣記一條。
2. 參見李孝定、甲文集釋第五、一六〇四頁。又楊樹達、甲文說十二頁釋曰，言曰義與謂同。

3. 參見金詁附錄(四)二一八二頁。

4. 參見吳式芬、攈古卷二之三，三頁糾彝引徐籀莊說。又徐同柏、从古卷十一、二十頁商糾彝。

5. 參見孫詒讓、舉例上十四—十六頁。

6. 參見增考中七十頁上；郭沫若則言8當是索形，殆馭馬之轡也，而从以作者之|，乃是策形。見甲研釋干支午字條五六頁下。

7. 參見殷虛文字孳乳研究五十六頁，載東方雜誌二十五卷三號。

8. 參見釋御，載中國文字十二冊三頁又一〇—一一頁。

9. 參見李孝定、甲文集釋第二、五八九頁。

10. 參見金詁卷二、一〇三九頁張日昇說。

11. 參見文源。

12. 參見說文解字部首刪正，載中山第五冊四一八八—四一八九頁

13. 參見金詁卷五、三四二四頁。

14. 參見丁山、氏族及其制度十一頁。

15. 參見周禮、地官、媒氏：「凡娶判妻入子者，皆書之。」注：「鄭司農云：『入子者，謂嫁女者也。』玄謂言入子者，容媵姪娣不聘之者。』

16. 參見金詁附錄(四)二六〇〇頁。

17. 參見阮元、積古卷二、十九頁鬲甗。

18. 參見从古卷一、十九頁商炳盤．

19. 參見馬叙倫、刻詞八一頁市彝；方濬益、綴遺卷二十一、十五頁芾形父癸爵．

204 保尊

一、銘文：

204

二、隸定：

乙卯，王令保及殷東或五医祉，兄六品，蔑曆于保，易賓，用作文父癸宗寶隣彝。冓于四方，𢓊王大祀祓于周。才二月既望。

三、考釋：

此器於民國三十七年出土於河南洛陽，陳夢家定為武王時器，其論據之點有三：

1.銘文：「王令保及殷東國五侯」應指武王時冊令武庚及齊魯燕管蔡等五國。成王伐武庚後，封宋、衛兩國，殷國乃亡。

2.銘文字體接近晚殷邲其三卣，其款式亦屬殷式。

3.卣與同時出土之尊之形制花文，不能晚於成王。（註1）

郭鼎堂撰文考證，以為是成王時器，其言云：

「『祉兄六品』，祉即語詞誕，猶遂也。兄讀為荒，亡也。書微子『天毒降災荒殷邦』，史記宋微子世家作『亡殷國』。六品即六國。依金文例，玉可言品，穆公鼎『錫玉五品』是也。氏族可言品，周公殷『錫臣三品：州人、𣝁人、𩫏人』是也。土田亦可言品，作冊友史鼎『首北田四品』是也。此則國亦言品，『祉兄六品』者，遂亡六國也。六國即殷、徐、奄、熊、盈、薄姑。」（註2）

黃盛璋則以西周初年不應有連詞「及」之出現，是「及」乃動詞，為「捕獲」之意，故「王令保及殷東國五侯」即王令保捕獲殷東國五侯。漢書地理志齊地下：「殷末有薄姑氏，皆為諸侯，國此地，至周成王时，薄姑氏與四國共作亂，成王滅之，以封師尚父，是為太公。」薄姑加餘四國，數適為五，此所謂「殷東國五侯」當即指此，五國有薄姑在內，定無可疑。黃氏既言漢書之「五侯」即本銘之「殷東國五侯」，漢書地理志僅舉薄姑，餘四國或據「逸周書」補，作雒篇：「周公立，相天子，三叔及殷東徐、奄及熊、盈以叛。」此殷東正與本銘之殷東國合，是記上述之殷東地望無誤，薄姑加徐、奄、熊、盈，數適為五，而皆在殷東者，地望亦同，薄姑、徐、奄實叛周助殷變亂之主國。「保」保實為召保奭，此銘之「保」應為官職而非人名，周人稱召公，其前常加「保」字，如保奭、召太保、保召公，或直稱太保，金文中亦有太保、公太保、皇天尹太保、等稱謂，此皆他人之稱召公者，而召公本人亦自稱為太保，太保方鼎之「太保」即其證明、又據師旅鼎：「唯太公保來伐反夷年，在十又一月庚申，公在盩自，公錫旅貝十朋，旅用作父尊彝。」此器係光緒二十二年（1816年）出土山東黃縣之萊陰，公太保即召保奭，是召公實有親征東方的地下物證（註3）。

平心則言保即明保，亦即武王庶弟毛叔鄭，明是字（有說別詳），保是官。鄭為文王庶子，文王在小盂鼎稱周王，所以明保在令彝稱周公子。周公子猶他器銘文中陳公子、虢公子之比，似不能解為周公之子。路史、後記九下云：「武王克商，以毛叔鄭從，成王以鄭為三公」，此說必有所據，與令彝「明保尹三事四方」之銘文相合。保當是太保之副貳或屬官，保與太保，猶師與太師，史與太史，所以保卣之保未必就是召康公太保奭（註4）。

諸說以黃說近實，「保」或官爵之稱，蓋與下「殷東國五侯」對辭，是以官稱為允，然是否即屬上述諸人之一，則尚俟考證。

「祉」字，从彳从止，象足踐于道上，郭沫若言「祉」即語詞之「誕」猶「遂」也（註5）。平心則以祉音義與造、詔、祝、奏相通，聲轉為胙、作、初、有賜、命、降、祝諸義（有說別詳），周公簋：「拜稽首魯天子寽厥瀕福」，寽即造，亦即祉，謂稽首叩謝天子賞其大臣（瀕讀賓，與主對稱）之福胙（註6）又或釋為「降」義（註7）。常宗豪同意郭氏之說，以「誕」為發語詞，即詩大雅生民次章「誕彌厥月」下朱注云：「誕、發語詞。」其餘三章之「誕寘之隘巷」，「誕寘之平林」，「誕寘之寒冰」；四章之「誕實匍匐」；五章之「誕后稷之穡」；六章之「誕降嘉種」；七章之「誕我祀如何」之誕；當訓為發語之辭，與「乃」字義同。郭氏釋文以「遂」釋之，意亦相近，特未如「乃」字妥貼耳。曶鼎銘云：「祉賣絲五夫用百寽」猶言：「乃用百寽以贖茲五夫」也。祉字用法與此銘同（註8）。然字从彳从止，當係動詞，示人行道途之形，與「往」義同。

「兄」者，郭氏言「兄」讀為「荒」，亡也。書微子「天毒降災荒殷邦」，史記宋微子世家作「亡殷國」(註9)，常宗豪言「兄」當段為「貺」，賞賜之謂，其辯駁郭氏之說云，以兄荒二字古皆屬陽部，劉熙釋名復有以荒釋兄之例(註10)，然段兄為荒，考之經傳及吉金文字則皆無之。金文之兄字，多用其本義為父兄字，如

1.丁巳卣：用作兄癸彝。

2.曾子仲宣鼎：用雝饔其者諸父者諸兄。

3.𦉢鎛：保盧兄弟，用求考命彌生。

4.儔兒鐘：以追孝侁祖，樂我父兄。

5.坴父鼎：有女多兄。

6.𠩁叔多父盤：兄弟者子婚冓無不喜。

7.殳季良父壺：用享孝于兄弟婚顜諸老。

或於兄旁加聲符「㞷」，作「⿰㞷兄」，如：

1.𨛭王子狪鐘：及台父⿰㞷兄庶士。

2.沇兒鐘：以嘉樂嘉賓，及我父⿰㞷兄庶士。

3.王孫遺者鐘：用樂嘉賓父⿰㞷兄。

4.姑馮句鑃：以樂賓客，及我父⿰㞷兄。

凡言「者兄」、「兄弟」、「多兄」、「父兄」、「父⿰㞷兄」，皆是其本義，至其段借為「貺」字者，其形作見，與兄字微異。如

1.南宮中鼎：王命太史兄懷土(註11)。

2.中鼎又云：令兄里女懷土，乍乃采（註12）。
3.矢令毁云：公尹白丁父兄于戍（註13）。
金文中之兄字，未有叚為荒字之例，荒字多叚妄字為之，如：
1.毛公鼎云：女毋敢妄寧（註14）。
2.晉姜鼎云：余不叚暇妄寧（註15）。
此器之兄字亦當叚為貺，而不能獨叚為荒也。

「六品」者，郭沫若謂六品即指六國（註16），恐亦非是。說文二下品部云：「品，眾庶也。从三口。」引申以為品物之稱。艾敦（即井侯彝，亦即郭錄之周公毁）云：易臣三品：州人、東人、郭人。」吳闓生云：「易以臣三等，州人、東人、郭人是也。」（註17），于省吾云：「廣雅釋詁云：『品，式也』。三品猶言三種。」（註18），按吳、于兩說皆是。品即等類、品式、品種也。此言易以州人、東人、郭人三種臣僕。又庚午鼎云：「庚午，王命寑寢昔庿辰相北田四品」。吳闓生云：「相北田四品者，省視田獵所獲，以供祭也。」（註19）。吳意蓋以田獵所獲品物說之，是也。又穆公鼎又云：「易玉五品，馬四匹。」（註20）。品與匹並舉，殆亦是品類物數之辭，郭氏釋六品為六國，蓋以上文有「殷東國五侯」之語，遂以附會六品即上文之殷與東國五侯－徐、奄、熊、盈、薄姑也。陳氏之以此器銘所貺之六品，當指臣隸言，舉左傳定公四年分魯公以「殷民六族」為據（註21），其說視郭氏為審矣。

「易賓」者，易為動詞，賓乃賓詞（名詞）。賓謂賓貢，周禮大宰：「二曰嬪貢」、注云：「嬪貢皮帛之屬。」儀禮覲禮：「賓用束錦儐勞者」，「賓之束帛乘馬」、聘禮：「賓用束錦儐勞者」。蓋為侯伯奉貢天子使者曰賓，其物有束帛乘馬，與金文合。易賓者，王易保以侯伯賓貢之物也。

「傋」者，或从辵，或从止，說文二下辵部云：「遘，遇也，从辵，冓聲。」此遘于至銘末，與肄簋銘：「遘于妣戊武乙爽」及邲其卣銘：「遘于妣丙肜日大乙爽」之銘義相近。而與晚殷刻辭神似，若：「才正月遘小甲彡夕，隹九祀」（明六二），「才正月遘于妣丙彡日大乙酏，隹王二祀」（鄴三、一、三三）之例是也。乃謂遘于四方會王大祀於周。祓字从示友聲，與祐同。徻，即迨字，會之古文作佮（說文會部），與此形近。而此器銘首記干支，後者月與月相之名。與殷契殷商銅器銘例相同。

四、著錄：

1.陳夢家西周銅器斷代(一)頁二一保卣，銘七行四十六字，器同銘。徐森玉拓本，卣歸上海市文管會，尊歸河南省文管會。

2.考古學報一九五八年第一期保卣銘釋文一頁。

3.古代青銅器彙編一、頁二九、三六保卣。高二五・八，口縱九・四，口橫一二・二，腹縱一四・六、腹橫一七・七，底縱二・三，底橫一三・八，腹深一六・六厘米。重三公斤二五〇公克，紋飾簡素明潔，器蓋及器口沿下和圈足均飾以兩頭夔紋，提梁的紋飾與此類似，兩端作龍首，圈足內底鑄有一大蟬紋，乃一九四八年河南省洛陽附近出土。共出者尚有一尊，銘同。

4.金文集(一)圖一三七保卣，三七頁；釋文七一頁。

五註：

1參見斷代(一)二一頁。

2.參見保卣銘釋文，載考古學報一九五八年第一期一頁。

3參見保卣銘的時代與史實，載考古學報一九五七年十七期五一—五八頁。

4.參見保卣銘略釋，載中華文化論叢四輯，三二頁。

5.參見2。

6.參見4。

7.參見平心，文史拾荒錄祝冊與作冊，載學術月刊一九五七年一月號六四頁。

8.參見2。

9.參見2。

10參見爾雅釋詁第一，詩大雅生民、毛傳

11.參見吉文卷一、九頁。

12參見吉文卷一、九頁。

13.參見吉文卷三、五頁。

14. 參見吉文卷一、二頁。
15. 參見双選卷上之二、十八頁引。
16. 參見2。
17. 參見卷三四頁。
18. 參見双選卷上之二、二十五頁。
19. 參見吉文卷一、十頁。
20. 參見錄遺九七。
21. 參見1。

一、銘文：

205 ⿱召⿱酉田尊

205

二、隸定：

唯九月才炎自，甲午。白懋父賜⿱召⿱酉田白馬，妾黃髮散，用求不杯。⿱召⿱酉田多用追于炎，不瞀白懋父友，⿱召⿱酉田萬年永光，用乍團宮旅彝。

三、考釋：

此亦⿱召⿱酉田尊、⿱召⿱酉田卣（錄遺二七七）同見。炎，地名，又見令毀（三代九．二六）：「才炎」，郭沫若云：「炎當即春秋時郯國之故稱，漢屬東海郡，今為山東（濟寧道）郯城縣、縣西南百里許有故郯城云。」（註1）「𠂤」者，師之古文（註2）。或以師為眾，公羊桓九年傳：「京師者何？天子之居也。京者何？大也。師者何？眾也。天子之居，必以眾大言之。」方濬益（註3）、孫詒讓（註4）是也。或以𠂤為餗省，餗、次古今字。次者，舍也。牧𠂤乃師舍于牧之謂（註5）。凡軍旅所在之地，皆可謂𠂤（註6）。或以𠂤假屯為之，𠂤字當即屯聚之屯，師戍所在處也（註7）。或以𠂤為行政區劃及部隊編制（註8）。或以甲骨文和西周金文師旅之師均作𠂤，而職官之名則多作師。凡金文中地名之稱某𠂤者，𠂤上之字為原有地名，𠂤字則由于常為師旅駐扎而得名。如矢令𣪘稱王子伐楚白，在炎。後以炎為師旅之地，故召尊稱之為炎𠂤（註9）。或以𠂤、氏一字，古代地名北方稱氏、南方作陵（註10）。然「𠂤」為「師」之古文，「某師」為地名者，蓋以師旅駐紮而得名也。故有「歹𠂤」（甾鼎 三代三、三十）、「成𠂤」（小臣單觶 三代十四、五五）、「古𠂤」（遹甗 三代五、十二）、「𠧟𠂤」（彔卣 三代十三、四二）、「京師」（克鐘 三代一、二四）、「盩𠂤」（旅鼎 三代四、十六）、「牧師」（小臣謎簋 三代九、十一）之稱。此銘則言九月甲午在炎師之地也。

「白懋父」又見宅簋（三代六、五四）、小臣謎簋（三代九、十一）、師旂鼎（三代四、三一）、衛簋（三代六、三）諸器銘。郭沫若（註11）、吳其昌（註12）、周法高皆以為即康伯髦、牟伯、王孫牟父、中旄父也。懋、牟、髦、旄乃聲之通轉（註13）。

「賜」字，从目从易，說文四上目部云：「賜，目疾視也。从目易聲。」金文則用為賞賜之賜，如虢季子白盤：「王賜乘馬」（三代十七、十九）

，曾伯簠：「天賜之福」（三代十.二六），曾伯陭壺：「用賜𩰬壽」（三代十二.二六），即其例。「易」、「賜」皆為易聲，音同而假借也。「𩰬」，召之䌛文，此作人名。召、銘文作𩰫；周召之召，金文作𩰬，不從奴，經籍皆省作召，或增邑旁作邵（註14）。乃姬姓，召公奭之後。「白馬」，又見作冊大鼎（兩攷.三三），陳夢家以為同「乘馬」，馬一匹也（註15），似有未允。白馬，馬之白色者也（註16）。

「妥黃髮𢼸」者，陳夢家言乃形容白馬之黃拇斑髮。金文敏揚之敏或作每，爾雅、釋訓：「敏，拇也。」拇即足大拇。說文髮之或體同此器。說文：「黴，中久雨青黑也。从黑，微省聲。」義為黑斑點，音義悉近于霉（註17）。說係強作解人。「𢆶字從女從手，疑妥字之或體。从爪从手無別，孳乳為綏。學者中亦有將『黃髮𢼸』三字解作國名或馬色者。」（註18）釋「妥」可从。「[illegible]」字，或釋「髮」，容庚言「說文或从首作𩠐，汗簡首部𩠐釋跋」（註19）；或釋「焇」，疑為古「顏」字（註20）。今从容氏。「𢼸」字，說文八上人部云：「𢼸，眇也。从人从攴，豈省聲。」林義光以為「从攸从耑省」（註21）；高鴻縉言「从長（一髮）从攴」（註22）；張日昇疑為「髮」之本字（註23）；然金文𢼸作「𢧵」，从彡从攴不从人，許君之誤顯然；中以高說較長，字或从長从攴，會意。此「𢼸」若淮南、脩務篇：「鬢眉微豪」之「微」，言細小而少也（註24）。「黃髮」者，詩、魯頌閟宮：「黃髮台背」，箋：「皆壽徵也。」又儀禮、士冠禮：「黃耇無疆」，注：「黃髮也，耇、凍梨也。皆壽徵。」黃髮細少，其壽更長。故「妥黃髮敚」者，言綏致壽考也。

「𣎳」字不識，動詞。不杯者，又見師遽簋（三代八.五三）、師奎父鼎（三代四.三四）、長由盉（錄遺二九三）、師虎簋（三代九.二九）、芾伯簋（愙齋十一.三）、番生簋（三代九.三七）、善鼎（三代四.三六）等器銘，杯重文以見意，義近於丕顯也。「不」乃「丕」之初文。說文一上一部云：「丕，大也。从一、不聲。」爾雅、釋詁：「顯、光也。」不杯者，偉大光明意。

「不𦔻白懋父咎」者，與大豐簋（三代九.十三）銘：「不𦔻王作賡」相似，乃稱頌白懋父侑賜之辭。「𦔻」从二帇从甘，𦔻之緐文。說文九下帇部云：「𦔻，帇屬。从二帇。𦔻，古文𦔻。虞書曰：『𦔻類于上帝。』」今書作肆。段注云：「堯典文，許所據蓋壁中古文也。伏生尚書及孔安國以今文讀定之古文尚書皆作肆，太史公史記作遂，然則漢人釋肆為遂，即爾雅之肆故也。」則不𦔻，假為不遂，不墜也。咎即吝，假作賄，尚書序云：「賄肅慎之命」，傳云：「賄，贈也。」意同於「侑」。此句言不墜失白懋父之賜贈也。

「圍宮」，一作圍宮，乃被祭廟號（註25）。或有以方國之名作為宮名者，若左襄公三十一年：「公作楚宮」，杜注：「適楚好其宮，歸而作之。」詩、鄘風、定之方中：「作于楚宮」，毛傳：「楚宮，楚丘之宮也。」而彝銘之「豐宮」（庚嬴鼎，兩攷.四三）、「華宮」（何𣪕，懷古.下.九七）、「緐宮」、「邦宮」大夫始鼎者是也[26]。此「圃」殆為方名，「圃宮」，圃地之宮。

四、著錄：

1、斷代(二)六三頁16召尊。

銘七行四六字。一九四八年見于北京，一九五一年七月歸上海市文物管理委員會。

2、古代青銅器彙編一、三○頁37召尊。

高二○、三，口徑一九，腹徑一四、四，底徑十四，腹深一七、四厘米，重一公斤七○克。樸素無紋飾，與召卣相同，僅腹上飾小羊首，形制優美。

3、金文集(一)圖一八一、一八二[illegible]尊，五二頁；釋文七六頁。

上海博物館藏。

五、註：

1、參見兩攷三頁令毀。

2、參見魯實先先生、說文正補六—七頁白。

3、參見綴遺卷三、二十六頁盂鼎。

4、參見拾遺上、二一頁晉姜鼎。

5、參見丁山、卿敦跋，載集刊二本四分四一七頁。

6、參見徐中舒、遾敦考釋，載集刊三本二分二八○—二八一頁。

7、參見郭沫若、兩攷二—三頁小臣單觶。

8. 參見周萼生、郿縣周代銅器銘文初釋，載文參一九五七第八期五二頁．

9. 參見于省吾、略論西周金文中的六𠂤和八𠂤及其屯田制，載考古一九六四第三期一五二頁．

10 參見劉節、中國古代宗族移殖史論九一－一一頁．

11. 參見金文攷二三三頁．

12. 參見金文厤朔疏證續補三四〇頁．

13 參見零釋四四－四九頁師旂鼎考釋．

14 參見徐中舒、禹鼎的年代及其相關問題，載考古學報一九五九三期（二十五冊）五四頁．

15. 參見斷代(二)六三－六四頁．

16. 參見黄然偉、賞賜、一七五頁．

17. 參見斷代(二)六三－六四頁．

18. 參見古代青銅器彙編(一)三十頁．

19. 參見金文編九、六下，五〇六頁．

20. 參見郭沫若、兩攷八三頁猶鐘．

21 參見文源．

22 參見散盤集釋二四－二五頁．

23 參見金詁卷八、五〇一七－五〇一八頁．

24. 廣雅、釋詁二：「微，小也。」列子、周穆王：「悲心更微」，釋

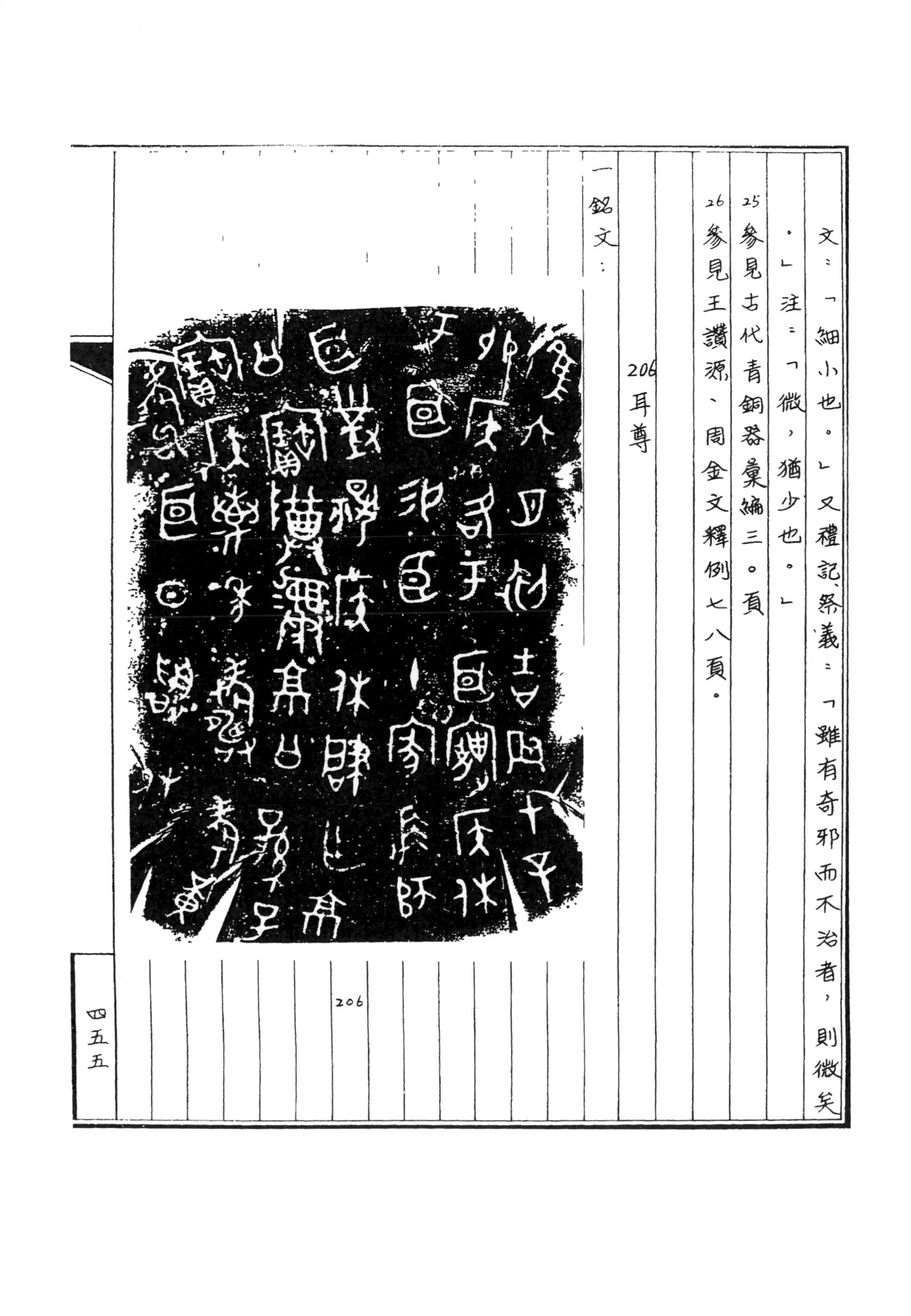

文：「細小也。」又禮記、祭義：「雖有奇邪而不治者，則微矣。」注：「微，猶少也。」

25 參見古代青銅器彙編三〇頁

26 參見王讚源、周金文釋例七八頁。

206 耳尊

一 銘文：

206

二、隸定：

佳六月初吉，辰才辛卯。矦各于耳[illegible]。矦休于耳，易臣十家長師。耳對𤔲矦休。肈乍京公寶尊彝。京公孫子寶。矦萬年壽考黃耇，耳日[illegible]休。

三、考釋：

首記時辰初吉。「矦各于耳[illegible]」者，矦乃主賞者之爵稱。各，格也，至也。耳乃作器者之名。「[illegible]」字，陳夢家釋作「[illegible]」，為宮室之名（註1）。白川靜謂乃表示廟寢之字，字形奇異，難以隸釋，字乃指祭祀之處也（註2）。今從陳氏之隸作「[illegible]」，而从宀有屋室之義，與宮、室誼近，為耳受賜之場所。乃言矦至于耳之宮室。

「休」、「易」義同，賞賜也。而「易臣十家」者，蓋言賞賜耳僕役四俘十家族也。「[illegible]」字未識。陳氏釋「長」（註3）。唯字不从人，或為長之異構。西周彝銘用「師」字，表職官之稱。疑此「[illegible]師」為耳之僚寮。

「萬年壽考黃耇」者，與「萬壽無疆」誼同。爾雅、釋詁：「黃髮、齯齒、鮐背、耇老、壽也。」詩、小雅、南山有臺：「遐不黃耇」，行葦：「以祈黃耇」，箋云：「黃，黃髮也。」黃耇，壽考之通稱。銘與周頌、烈祖：「綏我眉壽，黃耇無疆」義近。

「[illegible]」，从口，殆「受」之繁文。休有善美之誼。「耳日[illegible]休」者，言耳得以日日受其善美之福祉。

四、著錄：

1.斷代(三)一六三頁、44耳尊，圖版七．

銘七行五二字，器高約二五，口徑二〇厘米。

2.通釋第十輯五八一頁、56耳尊．

3.金文集(三)圖一九七、一九八．耳尊，十頁；釋文六五頁．

五、註．

1.參見斷代(三)一六三頁．

2.參見通釋十，五一八頁．

3.參見斷代(三)一六三頁．

第二節 罍

夫罍之形制，似壺而廣肩細頸，商代以方者居多，廣肩兩耳，有蓋有鼻，或作圓，或足內有鈴，或無耳。說文六上木部云：「櫑，龜目酒尊，刻木作雲雷象，象施不窮也。罍，櫑或从缶；𥃝，櫑或从皿；𤮴，籀文櫑。」又詩周南卷耳：「我姑酌彼金罍」，則知罍用以盛酒；儀禮少牢饋食禮云：「司宮設罍水于洗東，有枓」，則罍亦用以盛水也。其銘多在蓋與口內，有在口內與兩耳者。本書所蒐錄之罍器凡九．

207 ⅄V罍

一、銘文：

207

二、隸定：

[収]

三、考釋：

此銘从又執丨，从V，未識何字，闕。

208 亞中奉尊形罍

一、銘文：

208.1

208.2

二、隸定：

[醜]

三、考釋：

此字彝銘習見，甲文作[illegible]〈珠、三二、六〉〈甲、二、二五、七〉，[illegible]〈前五、三〇、二〉形。王襄引華石斧說釋作「餽」(註1)；金祥恒釋為「饋」(註2)；余永梁釋醜(註3)。阮元則祖宋人舊說，以「酉下置丌，格上三矢」釋之(註4)；徐同柏以「史酌」釋之(註5)；方濬益言右象人結髮紒首將冠者，左為尊形有勺，下為篚或匰(註6)。張廷濟言置酒祭丌上，酌酒以祀神于亞室之形(註7)。吳大澂言亞中申尊箕形，箕，帚也(註8)。高田忠周言光為盛裝之形，即丮字。乚乃飾糸尾也。頭上為甶者，頭飾也。酉乃酒也。甶即彝字(註9)。L.C.Hopkins則言右从鬼，自埶鍋舉酒壺之形(註10)。馬叙倫釋為「僕」(註11)。容庚釋人、酒尊、盤形(註12)。柯昌濟隸作「歔」(註13)。郭沫若釋「畱」，「醜」為其謚(註14)。劉心源釋「尊卑」二字(註15)。赤塚忠言為「酘」字(註16)，表示掌供酒于神之宗教性職司者(註17)。上出諸說，支離破碎，未達通恉。字於金文用為方名或氏族之稱，故或言即召公名(註18)，或言即易＝「高宗伐鬼方」之鬼方(註19)。說皆未確，从闕。

四註：

1. 參見類纂正編第五第二十五頁下。
2. 參見續文編卷五、二十頁。
3. 參見殷虛文字記
4. 參見積古卷一、三十二頁、三十三頁亞卣。
5. 參見从古卷二、十二頁周諸女方彝。
6. 參見綴遺卷五、二頁亞形爵。

7、參見清儀一冊二八頁方爵.

8、參見愙齋二十二冊四頁亞中中尊箕形爵。

9、參見古籀篇三十六，三一頁；五十四第三二頁.

10、參見中國(古)文字裡所見的人形，載中山第六冊四九三六—四九三七頁.

11、參見讀金器刻識亞中奉尊形彝，載國刊第五卷一期九三頁.

12、參見武英、五頁.

13、參見韡華一○九—一一○頁歔鼎.

14、參見青研十七—十九頁.

15、參見奇觚卷一第八頁亞鼎.

16、參見殷金文考釋一○○—一○二頁龔姛鼎

17、參見16引.

18、參見青研十七—十九頁.

19、參見衛聚賢、文字學七三頁.

209 車罍

一、銘文：

209.1

209.2

二、隸定：

車㓚

三、考釋：

此乃車氏所作之器。「㓚」字，左从人从止，即說文訓舉踵之「企」，特重其止，若見之作𠬛也。右體所从，又見且辛觚（三代十四二八），銘作「刃」，似刀之異構。然字固未識，闕。此用為人名。

一、銘文：

210 [illegible]罍

210

二、隸定：

車卩

三、考釋：

此銘「[illegible]」字，上似从亞，下肖近丙，唯金氏釋恒則疑亦「車」字，亞，輿也；內，輈衡也（註二）。或即車之異構，然銘作此形者，獨見此構。下文「㔾」字，即說文九上卩部之「㔾，卩也」。羅振玉以其字亦人形，象跽形，命令等字从之，許書之㔾，今隸作卩，乃由㔾而譌（註2）。強運開亦以㔾象跽伏之形，說文訓㔾為瑞信，故从㔾之字，說解均誤（註3）。故李孝定曰：「古文从人之字，或从大，或从女，或从卩，或从尸，隨宜所施，不拘一體。及後衍化漸繁，字形亦定，於是本為一字者，以其偏旁小異，遂亦別為數字矣。」（註4）故此隸作「卩」，亦古「人」字也。此乃車氏名卩（人）所作器。

四、註：

1、參見釋車十四頁。

2、參見增考中十九頁上。

3、參見古籀三補卷八、第一頁。

4、參見甲文集釋第八、二六○九頁。

211 豢左右牽馬形罍

一、銘文：

二、隸定：

⿲馬㒸馬，父乙。

211

三、考釋：

于氏題「㒸左右牽馬形壘」，蓋未審其形義。圖象二馬峙立，中从大从豕。魯實先先生謂其字隸定「⿲馬㒸馬」，从二馬㒸聲。㒸、從大從豕，豕亦聲，讀若豨。案說文云：「豕，彘也。讀與豨同。」是可證豕與豨音義相同。案莊子知北遊注曰：「狶，大豕也。」狶即豨之俗字。此當為豨之本義。……訓大豕之豨，當以「㒸

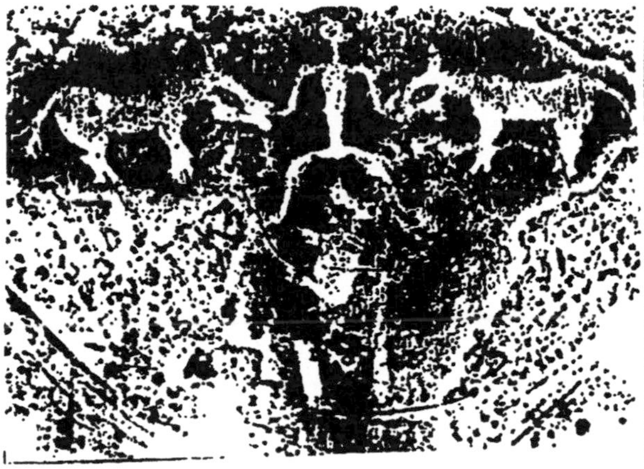

」為本字，故从大从豕以會意。說文作「豨」，載籍或作「狶」者，皆後起俗字（註1）。豙於卜辭僅用為方名，若豙伐商戋是也。又或謂「⿰馬羲」乃犧之本字，於姓氏則用為羲之初文（註2）。說文二上牛部云：「犧，宗廟之牲也。从牛羲聲。賈侍中說：『此非古字。』」豙、豨（一狶）、犧、羲音雖近，然謂「⿰馬羲」為「羲」之初文，則經傳無徵，備一說耳。此乃⿰馬羲氏或名⿰馬羲者為父乙所作禮器。

四、註：

1. 參見殷契新詮之六、釋豙、六頁。
2. 參見假借遡原一五七頁。

一、銘文：

212 豙左右牽馬形父丁罍

212

二、隸定：

⿲馬彖馬，父丁。

三、考釋：

此罍銘文與本書五〇六方彝銘文相同，而于氏一言「豢左右牽馬形父丁罍三字」，一作「豢父丁方彝四字」，隸字有別，題名不一，似有疏漏。此器乃⿲馬彖馬氏或名⿲馬彖馬者為其父「父丁」所作之禮器。

一、銘文：

213 杳見冊罍

213

二、隸定：

杳見冊。

三、考釋：

此器右銘文作「⿱未皿」形，似為「杳」字，上从未，與甲骨、金文「未」字形近。未於甲文作⿱木一〈前.三.九.一〉、⿱木一〈菁.九.四〉、⿱木一〈甲編.三五五八〉、⿱木一〈甲.五.十三〉形，金文作⿱木一史獸鼎〈三代.四.二三〉、⿱木一丁未角〈三代.十六.四六〉、⿱木一守未盉〈三代.十四.七〉形。郭沫若以未為采

（穗）也（註1）。高田忠周以木實為未，但言滋味，必當取意果實壯熟（註2）。高鴻縉則以「未」原為「茂」之初文，字倚木畫其枝葉滋茂之形，由物形重枝（一葉）生意，故託以寄滋茂之意（註3）。諸說蓋皆由說文「未，味也。六月滋味也。五行木老於未，象重枝葉也」而起，當以木重枝葉之形為是。而卜辭自有「釆」字作[illegible]〈甲編、三六三六〉形，郭說不足為訓。字从未从回作「[illegible]」，本義未詳，此乃方名或氏族之稱。下文「[illegible]」，當是「見」字，甲文作[illegible]〈藏、十五四〉、[illegible]〈藏、五十二〉、[illegible]〈後上、三一、一〉、[illegible]〈戩、二六、一〉形，金文形同作[illegible]〈三代、五、三〉見觚、[illegible]〈三代、三、五〉屡侯鼎、[illegible]〈三代、十三、三〉史見卣、[illegible]〈錄遺、二七八〉作冊䰧卣形。形有二體：一从人睜目會意；一作从目乇聲（註4）。高承祚曰：「卜辭見字作[illegible]，望字作[illegible]，目平視為見，目舉視為望，決不相混」（註5），金文亦同。是說文八下見部云：「見，視也。从目儿。」篆文作直目者，乃後世譌變也。於金文或用為人名。「冊」者，作冊之官。此用為契刻書寫，如周公毀：「用冊王令，作周公彝」（註6），謂[illegible]氏名見者所作之器。

四、註：

1. 參見甲研下冊釋干支二十九頁。
2. 參見古籀篇八十七、第一頁。
3. 參見字例二篇二六四－二六五頁。
4. 參見字例四篇七九－八〇頁。
5. 參見福攷五頁十六行。

6.參見郭沫若、青研、令彝令毀與其它諸器物之綜合研究、令彝釋文，四三頁。

一、銘文：

214 竟罍

214

二、隸定：

竟乍氒彝。

三、考釋：

「竟」字，又見[glyph]父戊匜〈三代、十七、二三〉、[glyph]卣〈三代、十三、二〉、[glyph]父辛觶〈三代、十四、四五〉、[glyph]鼎〈三代、二、五三〉、[glyph]且辛卣〈三代、十三、四六〉，[glyph]鼎〈三代、二、二〉諸器銘。柯昌濟言从辛在子形上〈註1〉。吳其昌則以大乃男子，頭顱所標植之辛，乃俘虜之記號〈註2〉。高田忠周隸作「兇」，卄即兇冠之時〈註3〉。于省吾隸作「竟」，而言古文字於人物之頂上每加ㅁ卄[glyph]等形，在人則為頭飾，在物則為冠角類之象形，若僕、妾、鳳、龍者，是古文「竟」字，上从亠丅卄卄為「辛」「辛」一類之字，初形本象頭飾，殆無可疑。金文「竟」字適象人頭上戴辛（招搖）之形，引申為終為窮為極為邊，詩瞻卬：「譖始竟背」，箋：「竟，猶終也。」廣雅釋詁：「竟，窮也。」莊子齊物論：「振於天竟」，釋文：「竟，極也。」詩召旻箋：「國中至邊竟」，釋文：「竟，本亦作境。」（註4）說文訓樂曲竟，蓋非本義。或釋為「戴」之初文，乃戴方或戴氏所作之器（註5）。似有未允。竟於此為人名。「乍」乃矢格之「格」之初文，用為第三人稱代詞，與「厥」同義。此蓋竟所作之盥彝。「彝」字稍泐不清。

四、註：

1. 參見韡華二九一三○頁亮鼎。
2. 參見金文名象疏證五三一－五四三頁。
3. 參見古籀篇三十四第十九頁。
4. 參見古雜二頁、釋竟。
5. 參見先考五七七頁。

215 鑄客罍

一、銘文：

215.2　215.1

二、隸定：

盤客為王句六室為之。

三、考釋：

此器銘文九字，與本書一七一盤客簋同，詳見彼考釋。銘文一在蓋，一在口緣。乃盤（鑄）客為王后六宮所作之器。

第三節　壺

夫壺之為器，殷商者少，而通行于周代，尤以春秋、戰國為盛。其在商代，則作圓腹長頸，圈足貫耳，有蓋之形。西周前期，略承其舊，腹前或有鼻。西周後期，則貫耳罕見，多獸耳銜環，且形制轉繁。春秋戰國之時，壺蓋多作蓮瓣形，或無蓋，耳多蹲獸，獸面銜環。其或用以盛酒，如詩、大雅、韓奕：「清酒百壺」，周禮、掌客：「壺四十」，注：「酒器也」。彝銘之觴仲多壺〈三代、十二、七〉、曾伯陭壺〈三代、十二、二六〉皆稱「醴壺」，殳季良父壺銘：「用盛旨酒」〈三代、十二、二八〉即其證也。或用以盛水，如周禮、挈壺氏：「掌挈壺以令軍井」，注云：「盛水器也」，孟子、梁惠王：「簞食壺漿」是也。而其鑄銘之處不定，或腹之內外；或口之內外；或蓋之內外；或足之內外；且有在項外及帶紋上者。本書著錄之壺凡十七器。

216—217 [illegible]壺一——二

一、銘文：

216

217

二、隸定：

正。

三、考釋：

此二器皆正氏或名正者所作之壺。銘與本書二一、[illegible]鼎同，詳見彼考釋，此略。

218 耳壺

一、銘文：

218

二、隸定：

耳

三、考釋：

甲文「耳」字作□（林二.七）、□（續四.二六.五）、□（京四.三）、□（新一六四八）、□（鐵三八.二）、□（前八.五.三）、□（後上.三十.五）、□（後下.五十）形，金文則作□亞耳尊（三代.十一.三）、□己耳卣（三代.十三.四）、□耳卣（三代.十三.三六）形。吳大澂釋為「聽」（註1）。林義光則言□象耳及耳竅之形（註2）。王襄（註3）、屈翼鵬（註4）、高田忠周（註5）皆釋「耳」。于省吾亦釋「耳」，而舉證特詳，其言曰：「耳字外象耳之外廓，內象耳之內廓。契文作□，□爵□字从耳作□，盂鼎䎽字从耳作□，聾鼎聾字从耳作□，大保𣪕聅字从耳作□，師望鼎聖字从耳作□，穆公鼎聖字从耳作□，毛公鼎取字从耳作□，弭弔盨弭字从耳作□，又耳尊耳字作□，古璽文字徵附錄有□字，舊均不識，□即□中間多一圓孔，即耳孔之所在也。」（註6）故說文十二上耳部云：「耳，主聽也。象形。」契、金文並同。耳於卜辭有作人名者，若：「甲子卜亞戔，耳龍每啓，其啓弗每，有雨。」（後上三十·五）或疑「耳」、「龍」並為方國名（註7）。故此銘之「耳」，與契文之「耳」形同，蓋亦作器者之名或族稱。

四、註：

1. 參見意齋十三冊十六頁㠯作且丁尊。
2. 參見文源。
3. 參見類纂正編十二第五十三頁下。
4. 參見甲釋四一一頁三二。六片釋文。
5. 參見古籀篇五十三第三八頁。
6. 參見古雜三頁釋耳。
7. 參見李孝定、甲文集釋第十二、三五一八頁。

219—220 與壺一—二

一、銘文：

219

220

二、隸定：

興

三、考釋：

「興」字，甲文作[字形]〈前.五.二一.八〉、[字形]〈前.五.三二.一〉、[字形]〈後上.二六.六〉、[字形]〈甲編.二〇三〇〉諸形，金文除此二器外，他如興父辛爵〈三代.十六.十八〉作[字形]，鬲叔盨〈三代.十.三三〉作[字形]，興鼎〈三代.二.四三〉作[字形]，殷句壺〈三代.十二.十八〉作[字形]形。羅振玉釋「興」，云从舨象二人相授受形(註1)。商承祚釋「興」，言：「象四手各執盤之一角而興起之。或又增口，則舉重物邪許之聲也。」(註2)唐蘭从其說，然以「H」、「㕣」為一字，故後世从同作興(註3)。馬叙倫釋為「舉」之初文(註4)。楊樹達言H乃甲文凡字而非盤之初文，引葉玉森說其字象船帆之形；帆之為物也大，其始也，聯布於岸，當於地上為之，及其移而樹之於舟也，當之眾手舉之，故興字形象之，而其義為「起」也；其从口者，亦邪許之聲也(註5)。陳世驤則由「邪許之聲」出發，而言「興是群眾合力舉物時所發出的聲音」(註6)，故興字可觀「舞踊」、「盤游」(註7)、「盤桓」(註8)之俗(註9)。

說文三上舁部云：「興，起也。从舁同。同，同力也。」甲骨、金文之「興」字从舁从舨，舨即周禮司尊彝之舟。象兩人舁舨興起之誼(註10)。商、馬二氏之說可从。興於卜辭或作人名，若「貞興角毋許歸」〈乙.三四一一〉，或為方國之名，「王从興方」〈乙.五〇七五〉，「貞王□興方伐」〈乙.一四六二〉之例是。此銘為方國之名或姓氏。

四、註：

1. 參見增考中六十二頁。
2. 參見佚存六十二頁上。
3. 參見天壤文釋九頁；又郭氏、卜通三四頁一三六片釋文同。
4. 參見刻詞四四—四五頁父辛爵。
5. 參見小學九○—九一頁釋興。
6. 此商承祚說，引自佚存六十二頁上。
7. 尚書：「盤游無度」，按出自尚書五子之歌。
8. 易：「盤桓利居貞」。按出自易屯初九。
9. 參見原興、兼論中國文學特質一文，載中文大學中國文化研究所學報三卷一期一四四—一四五頁。
10. 參見甲文集釋第三，八三一頁。

221 [illegible]一父丁壺

一、銘文：

221

二、隸定：

[illegible]刀，父丁。

三、考釋：

此銘首作「[illegible]」字，未識，或係國族之稱。下文作「[illegible]」，疑似「刀」字橫置其上，與[illegible]作父丁簋（三代六、三七）之「[illegible]」形同。而以[illegible]卣（三代十三、六）銘擬之，則下字或為人名。全銘乃[illegible]國（氏）名刀者為「父丁」而作之禮壺。

222 [illegible]壺

一、銘文：

222.1

222.2

二、隸定：

[illegible] 222.1

[illegible]父癸丁。

三、考釋：

此壺銘文器蓋不同。蓋文作「[illegible]」字，从田从奴；田為周之初文。說文二上口部云：「周，密也。从用口。[illegible]，古文周字从古文及。」釋形誤，甲文周皆象畜致周帀之形，蓋用為國名。金文周字，或从口，此銘从奴，亦「周」之繁文，此殆為人名或族稱。器銘作「[illegible]父癸丁」，其銘奇詭。[illegible]所作之器，蓋為「父癸」

而作，若S8冊父癸鼎（三代二、四八）銘所云是也。故容庚以「S8父癸」三字說之（註1）。諦審其銘，未當存「丁」字，唯「S8父癸丁」之銘例稀覯。「S8」字，方濬益釋為二夔龍相向之形（註2）；馬叙倫言相向S己者，本是一字，為「鉤」之初文。或謂S為8之異文（註3）。此二說於形義俱無塙徵，徒憑臆語，疑者置疑，於斯闕如可也。此用為作器人名或族稱。故此壺殆為「父癸」及「父丁」二人而作。

四、註：

1. 參見金文編器目四八、九九頁。
2. 參見綴遺卷五、三十三頁冊冊父癸鼎。
3. 參見刻詞七四頁父癸鼎。

一、銘文：

223 椃侯壺

223

二、隸定：

椃侯乍肇彝。

三、考釋：

「椃」，國名，契文有从木从虎之[illegible]（前二·十二·四）、[illegible]（新三六四八）、[illegible]（前四·四五·三）形，商承祚以為即說文之「虒」，而金文之作椃者蓋同（註1）。考彝銘椃國所製之器頗多，若椃伯簋（三代·六·五三）、周棘生簋（三代·七·四八）、弔吹鼎（三代·三·九）、師趛盨（三代·十·三八）、椃仲簋（三代·六·二五）、椃仲鼎（三代·二·五一）、弔僕觶（錄遺三七五）之屬，悉為椃國器或為椃女所作之媵器，字皆从木从虍从占，或增口作櫨形。與契文从木从虎者有別，殆非一字。契文又有从虎从占之[illegible]字（後上·六·十），與金文亦殊。劉心源以為釋椃釋櫨之說皆非，而釋為「櫨」（註2）。高田忠周踵武其說，疑為木閒之「柤」籀文（註3）。陳夢家言「椃是封地，疑是說文櫨字，音近于鄠。」（註4）諸家郢書燕說，不一而足。字作椃或櫨，說文所無，經傳亦無徵，本義難詳。唯自銘例觀之，「椃」於此壺銘用為國名。言椃医作祭亯養生之[旅車]彝。「[旅車]」字，从旅从車，為「旅」之繁文。

四、註：

1. 參見類篇六卷一頁上；柯昌濟亦言椃未詳，疑與椃同，即說文之虒字。說見韡華二六八—二六九頁椃伯彝。
2. 參見奇觚卷三、十五—十六頁周棘生敦。
3. 參見古籀篇八十四第二—三頁。
4. 參見斷代九一頁。

224 恆乍且辛壺

一、銘文：

224

二、隸定：

恆乍且辛壺。H。

三、考釋：

此器銘首一字拓㷬殘泐，于氏自隸為「恆」，未見其銘，何敢置喙，从闕。銘末「H」字，蓋與本書三三九、四二六器銘同。作门，乃方國之名或氏族之稱。此為壺銘，壺字甲文作□〈前·五·五·五〉、□〈乙·二二四四〉、□〈乙·二九四四〉、□〈續存·二三三九〉、□〈外·四四〉、□〈元嘉·七九〉形，金文形構繁多〔註1〕，若□頌壺〈三代·十二·三一〉、□命瓜君壺〈三代·十二·二八〉之形。說文十下壺部云：「壺，昆吾，圜器也。象形。从大象其蓋也。」甲骨、金文正象其上蓋旁耳，从〇者，象其腹上環紋，下為圈足，或象旁有提梁，腹有紋飾之形。故玉篇云：「壺，盛飲器也。」高鴻縉曰：「字原象器形，上為其蓋，非从大，今日之酒壺，有鋬有流，實類古代之盉，有時並有提梁，又類古代之卣。至古代之壺，則極類胡蘆，而附有裙足，頸旁並有兩耳。」〔註2〕此銘之「壺」字，與契文、小篆相較，皆無殊也。

四、註：

1. 參見金文編卷十、一一1353壺字。
2. 參見字例二篇一二四頁。

225 鬼作父丙壺

一、銘文：

225

二、隸定：

鬼作父丙寶壺。伊Ⅲ。

三、考釋：

契文之鬼作畀(拾四·十六)、畏(前四·十八·二)、男(甲編·三三四三)、畏(後·下三·十七)、畀(乙·八六五)、𩲡(乙·三四○七)、䰡(前四·十八·六)形，此銘則作鬼，或从示作䰟(陳助簋 三代·八·四六)，从戈从由作䰠(盂鼎(一) 三代·四·四四)，或从攴作敀(梁伯戈 三代·十九·五三)。說文九上鬼部云：「鬼，人所歸為鬼，从人，由象鬼頭，从厶。鬼陰气賊害，故从厶。䰟，古文从示。」契文與說文合，而不从厶。林義光云：「(鬼)象形，由象其頭大，不从厶，鬼害人不得云私，篆从厶者，以厶為聲，厶古與口同字，音圍，鬼諸聲為巍，則音亦與圍近。」(註1)高田忠周亦以鬼字蓋人字之變，唯更頭形耳，不从厶(註2)。唯沈兼士超邁說文之羈絆，而以卜辭金文之鬼，原應作[illegible]，象其全身，非从人也。蓋鬼本禺屬，同為類人異獸之稱，引申為異族人種之名；且由具體之鬼，引申為抽象之畏，及奇偉譎怪之形容詞；再借以形容人死後所想像之靈魂(註3)。說義雖精當合宜，唯審諸甲骨金文，悉不象禺屬之狀，而田下所从，與人側、跽、正立之人卩大無殊，沈說或有未允。卜辭之鬼，或用為人名，若「鬼獲羌」(乙八六五)，「鬼亦得疒」(菁三一)是也。此器銘亦用為作器之人名。「父丙」為受祀者之名。「伯」字疑从人从户，然於典籍無徵，本義未詳。「[illegible]」字，不可識。此係方國名或族稱。

四、註：

1. 參見文源。
2. 參見古籀篇三十五第十八頁。
3. 參見鬼字原始意義之試探，載國刊第五卷三期，三九八－四○八。

226 襄作父丁壺

一、銘文：

226.1

226.2

二、隸定：

[衣隹又]乍父丁寶尊彝。[允冊]。

三、考釋：

銘首「[字形]」字，从衣从小从隹从又，諸家皆釋為「奪」字。吳大澂謂「字从雀从衣从又，疑巧奪字異文」(註1)，「此象以手持雀形，覆之以衣。」(註2) 林義光亦云：「从[字形]，鳥張毛羽之象，手持小隹，一奮而失也。」(註3) 柯昌濟則言象以手奪隹於衣中(註4)。考敔𣪘云：「[衣隹又]孚人四百。」(三代六.四六) 釋奪之說可从。說文四上奞部云：「奪，手持隹，失之也。从又从奞。」尚書、呂刑：「奪攘矯虔」，此[衣隹又]字象以手自衣覆中取小隹之象，蓋有彊取之義。字與奪𣪘(三代七.七) 銘同為作器人名。

銘末「[允冊]」字，容庚謂象人據冊上形(註5)。吳大澂則釋「允冊」(註6)。查「允」字甲文作[字形](藏.四.二)、[字形](藏.二四.二)、[字形](菁.二.一)、[字形](戩.十七.八)形，金文作[字形](戊鼎)(註7)、[字形](不𡢁簋)(三代.九.四八)形，字蓋象人形，與此銘形近，當隸為「[允冊]」，本義未詳，此殆為鑄器人名或族稱。王獻唐云：「傳世有[允冊]簋和[允冊]父乙簋，[允冊]是族徽。允右的冊字為史官作冊標記，最晚為西周初期器，這個族徽，于官職旁加允，可能就是允族的一支，他們并不全為允姓之姦，也不全為允姓之戎(春秋僖公二十二年左氏傳注)，更不全為周人討伐的玁狁，而是久經分化為各支各系的一個龐大族類。」(註8) 說可存參。

四、註：

1. 參見愙齋八冊十九頁𡨦𣪘．
2. 參見古籀補附錄十五頁．
3. 參見文源．
4. 參見韡華一六七頁奪爵．
5. 參見寶蘊四一頁商𣃘簋．
6. 參見愙齋七冊二十二頁冊父乙𣪘．
7. 參見王獻唐、黃縣㠱器三四頁引．
8. 參見黃縣㠱器三四－三七頁．

227 豕壺

一、銘文：

227.1

227.2

227.3

二、隸定：

□客□公□□五□

三、考釋：

文凡八字，唯筆畫纖致，未窺原器，無由知其義，從闕。銘文本橫置，今直放，以省篇幅。

228 子弔壺

一、銘文：

228

二、隸定：

子弔作[illegible]姜隮壺囗用。

三、考釋：

甲文「姜」字作[illegible]〈簠徵·雜事·十九〉、[illegible]〈新七七〉形，彝銘悉从羊从女作[illegible]〈應侯盨 小校八·三三〉形。說文十二下女部云：「姜，神農居姜水，因以為姓，从女羊聲。」篆文與彝銘同。馬叙倫以「姜」、「羌」為一字，而神農為始發明種植之人，其後因以為氏族，神農之先蓋亦事畜牧而以畜羊為業者，故其族徽以羊。……金文僅作一羊形，或作「羑」（牧）字者，蓋皆牧羊之族徽，實即姜姓也。說文四上羊部云：「羌，西戎，牧羊人也。」劉師培謂羌字由姜而起，姜為神農後四岳之裔皆姓姜，史記、齊世家，索隱引譙周說：「太公姓姜，炎帝之裔，伯夷之後，掌四岳，有功，封之於呂。」而山海經、內經亦以氐姜為伯夷之後，是羌與姜同（註一）。李宗侗亦言神農氏以羊為圖騰，因以為姓，姜水即因神農氏所居而得名，此亦地域之圖騰化（註二）。劉節亦以姜為牧羊族之族徽（註三）。然神農云云，事屬傳聞。姜姓以羊為圖騰，商則有姜姓之子遺也。此子叔為口姜所作之器，或係媵器之類者也。

四、註：

1. 參見刻詞一五四頁井姬鬲。
2. 參見古代中國社會姓與圖騰一章。

3、參見中國古代宗族移殖史論。

一、銘文：

229 白魚父壺

229

二、隸定：

白魚父作旅壺，永寶用。

三、考釋：

白者，伯仲之伯。魚父為作器者之名。伯魚父作養生祭享之壺，冀其永寶用之也。

一、銘文：

230 華母壺

230

二、隸定：

隹正月初吉庚午，華母自作薦壺。

三、考釋：

此器銘文十三字，首記月日初吉，西周銘文之通例也。「華」字金文作𠌶（命簋〈三代八、三二〉）形，省作𠌶（華季𥂴〈三代七、三三作𣪘〉）、𠌶（仲姞鬲〈三代五、十六〉）形，說文六下華部云：「𠌶，草木華也。从𠂹亏聲。」林義光云：「象一蒂五瓣之形，于聲。」（註1）高鴻縉則从徐灝之說，言𠌶乃古象形文，上象蓓蕾，下象莖葉，小篆變為亏耳。而謂字本象形，甲文用為祭名。秦加艸為意符，遂有華字。及後華借為光華意，秦漢人乃另造荂，荂見方言；六朝人又另造花字。日久而華字為借意所專，荂字少用，花字遂獨行（註2）。高氏道其流變，頗符理致。「華母」蓋作器者之名。

「薦」字置器名上者，彝銘習見，若「𧁗鬲」（鄭登伯鬲〈三代五、三二〉）、「薦匜」（弔朕簠〈三代十、三三〉）、「薦簋」（邜王簋〈三代七、七〉）是也。字或从茻从廌，或从廌从皿，說文十上廌部云：「薦，獸之所食艸，从廌艸。」林義則言廌象人形，上象首，下象身及臂脛，从茻，象人臥草中形（註3）。然廌形與人形絕異，說文所云實不誤，莊子齊物論：「麋鹿食薦。」崔注：「甘草也。」蓋本為草名，叚為「荐」字，爾雅釋詁：「薦，進也，陳也。」左傳：「薦彝器于王」，注：「獻也」，並為「荐」之假借。「薦壺」殆指用以為進獻祭享之壺也。吳大澂釋為盛器滿皃之「鐩」(註4)，於形既是無徵，於義又未通達，茲不從其說。

四、註：

1. 參見文源。

2. 參見字例二篇四四頁。

3. 參見文源。

4. 參見愙齋九冊三頁邵王敔；又古籀補附錄十六頁。

231 傈侃母壺

一、銘文：

231.1

231.2

二、隸定：

王𡛷易傈侃母貝，執𡛷休，用乍寶壺。

三、考釋：

銅器彝銘之「始」、「𡚸」、「姛」、「𡛷」、「𡛷」、「𡛷」諸字，以音同義相通，俱為「姒」之異構(註1)。此「王𡛷」即「王姛」猶「王姒」，殆為人名。「傈侃母」者，李孝定疑「[illegible]」

字从永，右下偏旁不識（註二）。于氏自隸為「傢佩母」；考三代、七、二三有保佩母簋銘云：「保佩母錫貝于南宮。」此器之「傢佩母」即「保佩母」；「傢」為「保」之繁文；「𢓊」隸定作「佩」，乃「佩」之繁文。此器銘言王姒賞賜保佩母貝，保佩母乃顯揚王姒之嘉美，用以製作珍寶之禮器。「埶對休」，則已省其主格，求行文不複沓也。

四、著錄：

1. 三代、十二、十二、四無器。

五、註：

1. 參見王獻唐、釋醜，載說文月刊第四卷合刊本六七—六九頁。及周法高、零釋九四—九八頁諸女彝考釋。
2. 參見金詁附錄(三)一三九五頁。

一 銘文：

232 庚壺

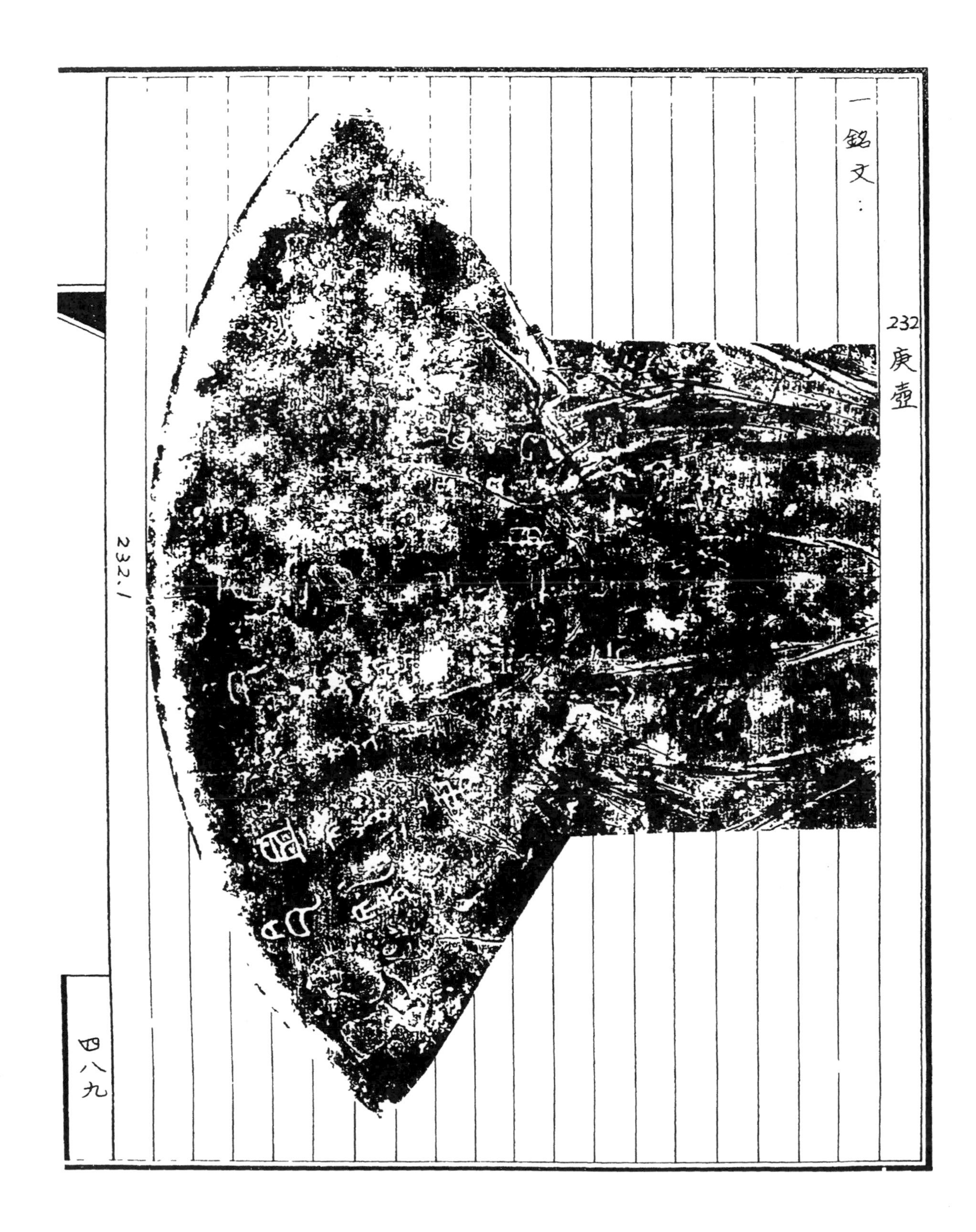

232.1

232.2

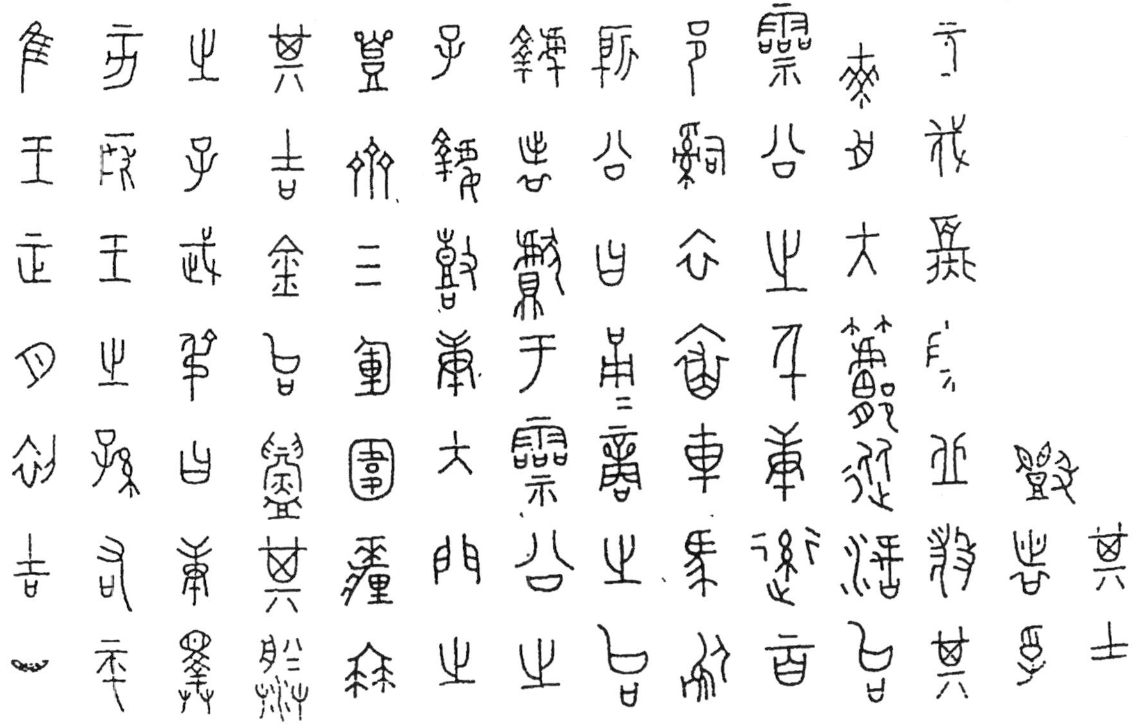

【插圖9】 庚壺銘文摹寫（前幅）

（△原銘蝕奪而依文意摹補者）

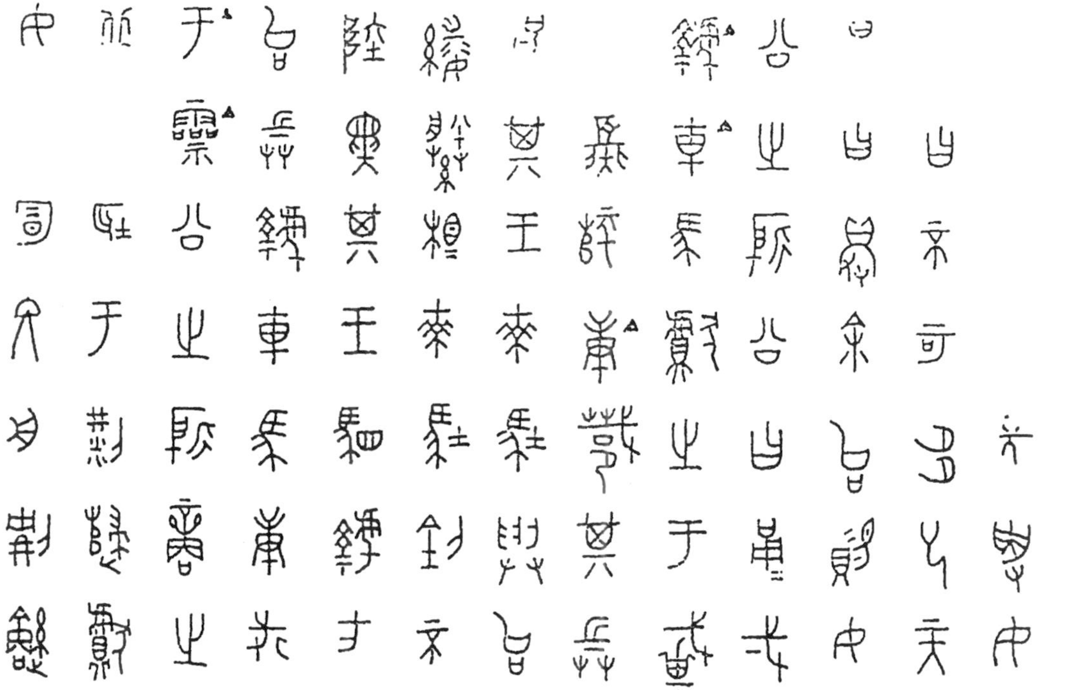

【插圖11】 庚壺銘文摹寫（後段）

二、隸定：

隹□□□月初吉□□□□□□□□之子□□曰庚羼其吉金台鑄其□壺齊三軍圍□冉子執鼓、庚大門之執者獻于䨩公之所、公曰：甬=商之台国嗣衣裘車馬、□□□之□、庚率二百□□□□□洒台□□□□□數其□□□□□者□□□□□□□□□□□□縣□□□□□㓚歸獻于䨩公之所、商之台幵軙車馬、庚伐□寅、其王駟軙方紉縢相乘馬、□□□其王乘馬用台□□辪□哉其兵執者□獻之于䨩公之所公曰：甬=□□□□余台賜女□□□□多□□□□□□受女□□□□□□□□□□□□□□□。

三、考釋：

此器銘文殘泐漫漶，于氏隸為「庚壺」，拓本二紙，已不可詳其字數。今據容庚「庚壺」摹本及郭沫若「庚壺」臨本補入。器今尚存，銘在壺外腹上，兩耳後加，掩埋字數頗多。郭氏云：「銘辭所紀者，乃是三次之戰功，每次有獲，均以獻于齊侯而受賞賜。首次之䨩公，自即齊靈公；二次公上一字適闕；三次公上一字半泐，案其字形，仍當是䨩字，摹录小有所失。三次所伐之國，屢言其王，在春秋時稱王者為南方之吳、楚、徐、越，史記十二諸侯年表、于齊靈公十二年書『伐吳』，蓋即此事也（註）。『玉嗣』玉字泐甚，僅存中直之一筆，洹子孟姜壺有『玉二嗣』語，今據補。銘文全體均似韻語，其可推知者，如壺、鼓、者、所、馬，均魚部字。」（註二）蓋以拓本泐蝕不清，茲從郭說耳。

四、著錄：

1. 續鑑甲集十六、九周齊侯鐘，摹刻多失，銘前段可讀者數行刪去。
2. 大系、庚壺
3. 故宮（四二期）.
4. 通考附圖七五。庚壺，釋文四四三頁.
高九寸八分，口徑三寸三分。腹飾帶紋一。兩旁獸面銜環為耳，乃後人所加，銘可辨者二十七行，行七字，在腹外。

五、註：

1. 其時為吳王壽夢十六年，壽夢名、春秋襄十二年作乘，銘中兩「乘馬」字，一在「其王」下，頗疑即是壽夢.
2. 參見兩攷二。八頁下.

第四節 卣

夫「卣」之稱，定自宋人。其狀橢圓，碩腹斂口，上有蓋，蓋上有紐，下有圈足，側有提梁，四面有棱，或有流，或附勻。其器大抵屬西周前期以前之物，西周後期則未見其器。卣器之用，以盛秬鬯，如詩、大雅、江漢、尚書、文侯之命、左傳二十八年傳及毛公鼎（三代、四、四六）

等諸文皆稱「秬鬯一卣」可證。唯其器多不稱「卣」，而以「彝」、「器」之共名銘之。其銘皆在蓋器腹內，多蓋器同銘，有蓋銘簡而器銘繁者，若盂作父丁卣（三代十三、三八）蓋銘三字，而器銘二二字是也。本書所著錄之卣銘凡四十六器。

一、銘文：

233 [glyph]卣

233

二、隸定：

倗

三、考釋：

殷彝銘中，倗氏所作器，如荷貝形父乙盤（三代十七、二），[glyph]父丁鼎（三代二、二三），荷貝父丁盉（三代十四、四），[glyph]父乙簋（三代六、十三），荷貝父辛爵（三代十六、十七），[glyph]鼎（三代二、二三），荷貝形父乙卣（三代十三、五一），且癸爵（三代十六、四三作角），荷貝形觶文（三代十四、三二），亞荷貝形壺（三代十二、二）諸器銘，「倗」字皆作[glyph]猶[glyph]。阮元以說文「古者貨貝而寶龜」，而言「子荷貝兩貫」（註1）。方濬益從其說，而以大易子（註2）。馬叙倫釋「倗」為荷貝以貨之誼（註3）。而貨物相易，社交之所由生，故借為五倫中朋友之稱（註4）。徐同柏則云：「子字作連貝飾頸形，蓋古嬰兒之象。」（註5）王國維言殷時玉與貝皆用為貨幣及服御，所用皆小玉小貝，而有物系之，所系者玉，則謂之玨，所系者貝，則謂之朋（註6）。郭氏進而謂其「象人著頸飾之形，當為倗之初字。倗乃古國名，周金有倗伯庬敨，倗仲敨，當即其後。而貝朋之由頸飾，化為貨幣，則在殷周之際。」（註7）阮、方、馬氏之說，似是而非。徐氏釋「嬰」，雖入堂廡，然未達其堂奧。王、郭二氏之說，可資補證。唯倗嬰同源異流之說未明耳。故李孝定以為「金文有所謂子荷貝形之文，前人不識此實即許書之嬰，象人著頸飾之形，古人从大从女每無別也。所从之[illegible]，即賏字，亦即[illegible]（前五．十七）字，此與許書之倗，當出一源，甚或即為同字。」（註8）說文六下貝部云：「賏，頸飾也。从二貝。」此當為其引申義，其本義當云：「二貝相合為一賏。」又十二下女部云：「嬰，繞也（註9）。从女賏。賏，貝（註10）連也。頸飾（註11）。」按「嬰象女子繫賏為頸飾之形，訓繞乃其引申義。故應从各本作「嬰，頸飾也。从女賏。賏，貝連也。一曰繞也。」（註12）此銘不从大而从人，或亦从「企」，與从「人」同。故字作「⿰亻嬰」猶「⿰亻賏」「倗」也。此⿰亻嬰氏或名⿰亻嬰者所作之器。

四、註：

1、參見積古卷一，八頁荷貝父丁鼎。

2、參見綴遺卷五，十二頁荷貝鼎。

3. 參見原流及傾向，載馬氏論文集二八頁。
4. 參見刻詞六一七頁倗鼎。
5. 參見从古卷一、三頁商子丁鼎。
6. 參見集林三卷二十頁說亞朋。
7. 參見甲研上册釋朋。
8. 參見甲文集釋第一、一四八頁、
9. 各本作頸飾也。段注據文選李注數引說文均作「繞也」改此下說解。
10. 各本作「其」，韻會八庚引作「貝」。
11. 「頸飾」二字各本無，段注移此。
12. 參見金詁附錄(一)一二六頁。

一、銘文：

234 帇卣

二、隸定：

234

帇

三、考釋：

斯銘文簡義晦，未識何字。或「囪」之象形，从闕。

235 [illegible]卣

一、銘文：

235.1

235.2

二、隸定：

[illegible]

三、考釋：

此卣與[illegible]觶（三代.十四.三四）、[illegible]卣（三代.十三.十四）、[illegible]簋（三代.六.四）、[illegible]父庚鼎（三代.二.[illegible]）為同人或同族所作之器。李孝定釋作「[illegible]」（註1），可从。

四、註：

1.參見金詁附錄(二)一一〇七頁。

236 葡卣

一、銘文：

236.1

236.2

二、隸定：

箙

三、考釋：

此箙氏或名箙者所作之器。詳見本書三一箙鼎考釋。

一、銘文：

237 亞中奚卣

237

二、隸定：

亞奚

三、考釋：

甲文「奚」字作□（前二、四二、三）、□（戩、四九、三）、□（甲編、七八三）、□（前六、十九、二）、□（粹、一三八八）、□（前一、三四）形，金文作□（奚卣 三代、十三、三六）、□形。羅振玉以「罪隸為奚之本誼，故从手持索以拘罪人，其从女與从大同。」（註1）龔定盦則釋為「幼」字，吳子苾釋「綏」（註2）。吳大澂釋「奚」，言象人戴寠數形（註3），引周禮、春官序：「官奚四人」，注：「奚，女奴也。」諸說證奚為女奴，童僕亦稱奚（註4）。孫詒讓云字从大从爪，絲省聲。塙是奚字（註5）。于省吾以「奚象繫人以手牽之，則奚奴之義自喻。」（註6）又云：「奚之本誼，以罪隸為奴，確無可易。……然奚字上象以手提髮辮之形，當非繩索之類（註7）。」（註8）陳邦懷以為「媄」之初字（註9）。郭沫若雖以「奚字均呈縲絏之象……以字形言，乃所拘者跪地反剪二手之形，實非从女。」（註10）唯郭氏以「𡴆」為「要」字（註11）。然「𡴆」字「仍象一人面縛（諸家以為字或从女，誤也。），有人以兩手曳其辮髮之形（上象辮髮，于說是也。）。」（註12）此銘「奚」字正象一人正面站立，髮辮見曳之形。說文十下大部云：「奚，大腹也。从大，𢆶省聲。𢆶，籀文系。」說文釋奚字形義皆誤。此銘之「奚」用為作器者之名。亞乃廓範，無義。「奚」或為地名，如左桓十七年傳：「及齊師戰于奚。」或為人名，如孟子．中之百里奚（註13），左傳之祈奚（註14），又左閔二年傳之「魯公子奚斯」皆是．此乃奚氏或名奚者所作之器。

四、註：

1. 參見增考中二十三頁下。
2. 參見筠清卷二第五十二頁周父癸角引。
3. 許書皿部、欑盨，負戴器也．漢書、東方朔傳：「盆下為窶數」，顏注：「窶數，戴器也。」
4. 參見字說一一一二頁奚字說。
5. 參見拾遺下四頁周父癸角。

6. 參見雙劍上釋五頁[illegible]彝。

7. 按：蓋以安陽出土殷代玉人頭考之。又尚書大傳高宗肜日稱：「武丁內反諸己，以思先王之道，編髮重譯來朝者六國。」是亦可證殷代四夷已有編髮之制。

8. 參見駢枝二十頁上下。

9. 參見小箋十二頁上。

10. 參見卜通一〇五頁上。

11. 參見粹考一六五頁上。

12. 參見甲文集釋第十、三二四八頁。

13. 按：史記秦本紀作傒，管子小問作徯。

14. 文子作「傒」，史記晉世家作「傒」。

一、銘文：

238 嫚卣

238

二、隸定：

嫚

三、考釋：

此卣銘陽識。又一器媍簋（三代十一、三九作卣）銘作□□，容庚釋作「媍」（註1）。案甲文复字作□（鐵一四五、一）、□（前七、三、二）、□（後下三三、六）、□（甲一、九四）形。李孝定以「豆疑象器形，下从夊，無義，當以豆為聲符。」（註2）此銘正从女从复，隸作「媍」，說文所無，本義未詳。依銘例，此用為作器人名或族稱。

四、註：

1. 參見容庚、金文編一二、二〇下，六三四頁。
2. 參見甲文集釋第五、一八九九頁。

239 𢓊卣

一、銘文：

239

二、隸定：

𢓊

三、考釋：

此𢓊氏或名𢓊者所作之器。詳見本書一一三、𢓊毀考釋。

240 天黿卣

一、銘文：

240.1

240.2

二、隸定：

奄黽

三、考釋：

此器陽識，器蓋對銘。字从大从黽，此或即後之「奄」，亦即「䣍」也。此奄黽氏所作之器。

241 册徣卣

一、銘文：

241.1

241.2

二、隸定：

册徣

三、考釋：

「册徙」者，册為官名或族稱。「徙」字，容庚釋作「彶」（金文編二二九）說文所無，本義未詳，依銘例，當用為人名。本器之作者為作册名徙是也。

一、銘文：

242 買車卣

242.1

242.2

二、隸定：

買車

三、考釋：

此乃買氏名車者所作之禮器。詳見本書一九。買車尊考釋。

四、著錄：

1、巖窟上、二三。

一、銘文：

243 貞卣

243

二、隸定：

貞 大

三、考釋：

「貞」字形構，與「印」之初文近似，或為一字，於此蓋用為人名。「仌」字又見盦徵、游田、十五，王襄[註1]、高田忠周[註2]皆以為古「仌」字，經傳借為「冰」；殷滌非則以楚王墓出土之大子鼎與鑄客鼎，「大」字皆作「仌」形。劉節[註4]、朱德熙[註5]言大為官名，禮記、曲禮有六大之目，茲從殷氏之說，此即官名大者所作之器。此卣器、蓋銘文不同。

四、註：

1. 參見類纂正編十一第五十一頁上。
2. 參見古籀篇五第三五頁。
3. 參見安徽壽縣新發現的銅片，載文參一九五九、第三期二頁。
4. 參見壽縣所出楚器考釋，考存一一五頁。
5. 參見壽縣出土楚器銘文研究，載歷史研究一九五四、第一期

一、銘文：

244

二、隸定：

朋封

三、考釋：

此銘上从二目，蓋即「朋」字。下文「𤰈」為「封」之古文。契文有𤰈(前·四·十七·三)、𤰈(乙·六九七八)、𤰈(鐵·歲·十七·又十六·文時二四)字。王國維云：「古封、邦一字，說文邦之古文作𤰈，从之田，與封字从㞢从土，均不合六書之指，蓋丰之譌。殷虛卜辭云：『貞勿求年于𤰈𠂤』(前四·十七)，𤰈字从丰田，即邦字。」(註1) 王襄則以象田中藝禾之形，而言為「𤰈」字(註2)。陳夢家則綜覈掺雜而云邦與封同，封與鄙同，同理可證(註3)。然「封」字蓋象植樹於田邑以為標幟之意(註4)，即左傳：「宿敢不封殖此樹」之謂。王國維之說可从。字於卜辭，或為邦土之義，或為方國之名，若「壬申卜亘貞，祟禍不于壴𡆥八人，邦五人」(鐵·歲·二四)(文續·一·四七·二重出)而「㘡子封㘡王」(乙·六九七八)殘文「封」似為人名。此蓋「朋」氏名「封」者所作之器。尚書康誥：「小子封」；傳：

「康叔名封」，左襄廿八傳有「齊慶封」，是古有名「封」者。

四、註：

1、參見古籀疏證三十五頁封字條，載靜安先生遺書十七冊。又郭氏「卜通七十頁亦以「𠙴」為「邦」。

2、參見彙考、歲時二頁下。

3、參見斷代一六三頁。

4、參見金詁附錄(二)一一二四頁。

245 𦏴父甲卣

一、銘文：

245

二、隸定：

羖，父甲。

三、考釋：

銘首「𦏴」字，从羊从攴，蓋「羖」之繁文，象兩手執杖以驅羊，乃「牧」之異體，此羖（牧）氏為父甲所作之禮器。

246 [illegible]父乙卣

一、銘文：

246.1

246.2

二、隸定：

[illegible]，父乙。

三、考釋：

此卣器蓋對銘，乃[illegible]（牧）氏為其父「父乙」所作之器。

247 [illegible]父乙卣

一、銘文：

247.1

247.2

二、隸定：

伸，父乙。

三、考釋：

「伸」氏所作器，又見[illegible]且乙爵（三代十六．一）、[illegible]鼎（三代二．二）二器銘。

高田忠周釋作「申」，束身也。从𦥑，自持也。丨以象人身。从即人直立而兩手擁腰之形〔註1〕。唯字蓋象一人長跽，兩手執杵以臨之，有杵擊之意〔註2〕。此字从卩从申作「𠨙」，卩，人之異構，「𠨙」與「伸」同。此用為人名或氏族之稱。乃「伸」為其父「父乙」所作之禮器。或以「伸」釋「侁」，从人先聲〔註3〕，非允。

四、註：

1. 參見古籀篇五十八第一。頁。
2. 參見金詁附錄(一)二一四頁。
3. 參見先考一三五一一三六頁。

248 魚父乙卣

一、銘文：

24.8

二、隸定：

魚，父乙。

三、考釋：

此卣銘「魚」字，象口張喙長，鱗密尾歧，四鰭賁張之形，乃「魚」氏為其父「父乙」所作之禮器。

四、著錄：

1、金文集(一)圖五一、魚父乙卣，十三頁；釋文六四頁。

2、善齋、禮三、一二同銘。

249 □父乙卣

一、銘文：

249.1

249.2

二、隸定：

句冉，父乙。

三、考釋：

此器銘首「□」字，乃銅器彝銘中所習見，若□父乙鼎(三代二・十九)、□觚(三代・十四・十八)、□父戊卣(錄遺二五三)等器銘是。吳大澂以「鄉」字釋之(註1)。柯昌濟釋為「勾」字，云：「古勾字象鉤形，兩鉤相結之狀，勾或紀人名、地名。」(註2)高田忠周另作新解云：「銘文乙上有此字，从中从丩，字形甚明晳，然字書無徵，不可定讀。但中者，中正；兩丩相對，丩為繆亂，此銘意以中正正不正之謂乎？」(註3)郭沫若言與秉干冊父乙毀(貞松・四・四十六作彝)、秉干父乙爵(貞松・十・二十六)係同一人之器，其人乃以「秉」為氏，以「干」為名，而為父乙或丁作器也（註4）。考「鄉」从兩人相嚮而坐，中設一簋之形，與此形不類・柯氏釋勾，僅解其一端耳・而高田氏之語，直如猜謎射虎，不足為憑。郭氏釋「中」為「干」可从，而言二者同人，則容有可商・字殆从干从二句，李孝定云：「古圖畫文字為氏族之族識，或人名，字不可識。」（註5）字義或為「句方干氏」，而此銘从二句者，緐文也。此為「父乙」而作之禮器・

四、著錄：

1、三代、十二、五十・

2、殷上、三十、八異兕。

五、註：

1、參見愙齋三冊十頁下鄉父乙鼎・

2、參見韡華乙、十五頁下勾父乙鼎・

3、參見古籀篇八十八第三八頁・

4、參見金攷一九一－一九七頁金文餘釋、釋干卣

5、參見金詁附錄(二)七四〇頁・

250、取父癸卣

一、銘文：

250.1

250.2

二、隸定：

取，父癸。

三、考釋：

「取」字从耳从又，說文三下又部云：「取，捕取也。从又耳。周禮：『獲者取左耳』，司馬法曰：『載獻聝』，聝者，耳也。」字从又从耳，會捕取之意，考之甲骨、金文，「取」字形構與說文同。此「取」為方國或氏族之稱，乃取方或取氏為其父「父癸」所作之禮器。

251 父癸卣

一、銘文：

251

二、隸定：

父癸，褎。

三、考釋：

父癸，人名。「褒」為作器人名或族稱，唯其繁飾之「非」省作「[glyph]」。此卣乃褒方或褒氏為其父「父癸」所作之禮器。

252 員乍夾卣

一、銘文：

252

二、隸定：

員乍夾。

三、考釋：

「𪔂」字，甲文作[glyph]〈福一‧二〉、[glyph]〈佚一‧二〉、[glyph]〈大中一○七〉形，彝銘之員父尊〈三代十一‧二三〉、員尊〈三代十一‧三二〉、員壺〈三代十二‧四〉、員盉〈三代十四‧五〉、員鼎〈三代四‧五〉諸銘，悉从鼎作𪔂。林義光云：「从口从鼎，實圓之本字。○，鼎口也。鼎口圓象。」〈註一〉高鴻縉詳加解析，云：「○為意象字，本即方圓之圓之初文，後加鼎為意符作𪔂，言鼎之口正為圓形也。後又省从貝作。說文云：『員，物數也。从貝○聲。𪔂，籀文从鼎。』足見方員之員，又借用為物數名詞，於是後人又於員外加口為意符作圓，以還其原。」〈註二〉金文之員，皆象說文古籀之形，高說可从。卜辭或用為地名，如：「田于員」〈大中一○七〉，此則用為人名或氏族之稱。

「夾」字，甲文或从大夾一人，或从大夾二人，若[glyph]〈藏七三‧三〉、[glyph]

〈乙.六二七六〉、夾〈佚.七九二〉、夾〈鐵.六七〉形，金文皆夾二人作夾〈三代.四.四二 孟鼎〉、夾〈三代.十三.二六 夾卣〉、夾〈三代.十二.四 夾壺蓋〉、夾〈錄遺.九九 禹鼎〉形。孫詒讓釋夾一人者為「夷」〈註3〉。商承祚言為「伏」〈註4〉。葉玉森謂為「仁」字〈註5〉。魯實先先生謂字乃夾之媘體也。於卜辭有二義：一為夾輔之夾，二乃方名。「甲申卜王在夾卜」〈後存.七九二〉，「丁丑卜主在夾卜」〈文錄.六七〇〉，「丁亥卜殻貞，乎巴从辛取夾臣」〈乙.三一〇八〉，皆方名姓氏之義。金文有夾作父辛卣〈三代.十三.[illegible]〉、夾作彝壺〈三代.十二.四〉諸器銘，是乃夾方或夾氏所作之器。方域之以「夾」為名者，則來有朝郟〈註6〉，則卜辭之夾方，即周之郟邑或無可疑。徵諸姓氏，則春秋有夾氏傳〈註7〉，是當受氏於夾方〈註8〉。按說文十下大部云：「夾，持也。从大夾二人。」審諸甲骨、金文，字皆象一人或二人在大之亦（一腋）下，以會夾持之意。於此器則為人名，蓋「員」為「夾」所作之卣。

四、註：

1. 參見文源。
2. 參見字例三篇六四頁。
3. 參見舉例上三九頁。
4. 參見類編、待問編卷七第二頁。
5. 參見前釋卷七、第二十六頁上。
6. 參見左成十八年傳。
7. 參見漢書、藝文志。

8.參見殷契新詮之三第四－八頁釋文。

一、銘文：

253 [句中句][仌仌]父戊卣

253.1

253.2

二、隸定：

[句中句][仌仌]，父戊。

三、考釋：

銘首「[句中句]」字，中象干盾之形，左右从二句，乃句方干氏所作器，與本書二四九、三四四、五一八諸器殆同族所作。「[仌仌]」字，據唐蘭、「在甲骨金文中所見的一種已經遺失的中國古代文字」〔註1〕一文中，曾推測西北民族有用數字以組織文字者，且用為銘末之族徽，若中斿父鼎〈三代、三、十八〉之「[十六]」，堇伯簋〈三代、六、四十〉之「[六一]」，效父彝〈懷米、上、廿三〉之「[五仌]」，其數則以一、二、五、六、七、八以組合。然傳世殷周遺文，此例蓋尠，故「[仌仌]」存疑。

四、註：

1.參見考古十六冊，三三－三五頁。

254 天黿父辛卣

一、銘文：

254.1

254.2

二、隸定：

黿，父辛。

三、考釋：

黿从大从黽，即經傳之「奄」猶「鄣」，詳見本書五六天黿婦𠂤鼎考釋，茲不復贅。此黿為作器人名或族稱，蓋為其父「父辛」而作之卣器。

255 作父癸卣

一、銘文：

二、隸定：

乍父癸，𡿪。

三、考釋：

此卣銘末之「□」字，金文形構不一，作□（□鼎，三代二、二）、□（父乙先鼎，三代二、九）、□（父乙先簋，三代六、十一）、□（父乙臣辰簋，三代七、九）、□（父乙臣辰卣，三代十三、九）、□（臣辰先父乙卣，三代十三、十）、□（作父乙簋，三代六、三三）諸形。楊樹達以其象甲文子字作□□□形者，而釋為「子」（註1）。吳闓生（註2）、于思泊（註3）、容庚（註4）皆釋為「先」。白川靜从貞松續、小校二書釋為「光」（註5）；魯實先先生則釋為「弁」之本字「覍」，并云：「从人，象弁冕之形。與皇之作□□者同體。……是皆覍字初文。」（註6）考父乙臣辰簋（三代七、九）作□，與「覍」字無異，當从魯說。此卣蓋覍（弁）為「父癸」而作之禮器。

四、註：

1. 參見積微一八一頁臣辰盉再跋；二三七－二三八頁子父乙彝跋。
2. 參見吉文卷四、廿九頁上。
3. 參見雙選下三卷、十三頁下。
4. 參見善圖一五六，考釋四一頁父乙臣辰爵。
5. 參見通釋第七輯三四七－三四八頁，30臣辰卣。
6. 參見殷契新詮之二，載東海學報三卷一期七二頁。

一、銘文：

256 帚女卣

256.1

256.2

二、隸定：

帚女子正。

三、考釋：

此卣銘作「帚女子正」四字，器蓋銘文書寫不一，佈局有異。

「帚」本象植物之形，金文用與「婦」同(註1)。「帚女」蓋為帚方之女也(註2)。柯昌濟以為「婦女者，古代女職，如周禮所載宗婦、世婦、女史之類也。」(註3)子正者，子方名正者也。此或「子正」為「帚女」所作之禮器。

四、註：

1.參見本書三二七、婦鳥形觚考釋。

2.參見丁山、氏族及其制度(九)卜辭所見諸婦的氏族二八頁。

3.參見韡華乙中、三○頁婦女鼎。

257 駉卣

一、銘文：

257.1

257.2

二、隸定：

[馬丙丙]作旅彝．

三、考釋：

此卣銘器蓋對銘，而銘首从馬从二丙作「[馬丙丙]」字，說文所無，字書亦遺其形義，音讀闕如，青銅彝銘則用為人名。此卣蓋[馬丙丙]所作旅祭養生之禮器。容庚言「[馬丙丙]」名補刻（通考、四二三）．

四、著錄：

1、西清．十、十九。又通考附圖六七一，四二三頁。又故宮四五期。

258 小子乍母己卣

一、銘文：

258.2

258.1

二、隸定：

小子乍母己。

三、考釋：

「小子」一詞，彝銘屢見。此卣器銘作「小子乍母己」，又一卣器作「小子乍父己」（小子父己卣，金文編拓本），殆「小子」為其父母己所作之禮器。小於甲文作八（鐵一〇・三）、小（拾七・十四）、八（前一・六・七）、小（前一・二四・三）、小（甲一・二六・四）、小（甲一・二九・七）形，金文形構不殊，作八（壬盉鼎，三代四・四二）、八（宅簋，三代六・五四）、小（晨卣，三代十三・四八）、小（趩小子簋，三代七・二八）形。說文二上小部云：「小，物之微也。从八，丨見而八分之。」高田忠周《古籀篇》說文案曰，謂「物之微細莫細於草木之始，故先借丨出之，丨為微細意，八以分別之，細又愈細，微小之意，可由以觀也。」（註1）此蓋合於篆體而與殷契、金文不相符合。高鴻縉謂小蓋象細小如雨點形（註2）。馬叙倫則言小、少、尐一字，皆沙之初文（註3）。馬說於形得之，古文少小每不分，故師嫠簋（三代九・三五）以「小輔」為「少傅」，蔡侯鐘（金文編拓本）云：「余唯末尐子」，尐子即小子，方言：「尐，小也。」茲从馬說。

小子蓋為官名，卜辭已有可考，若：「丁酉卜，其乎多方小子小臣」（粹一一六〇），由知殷代早有其官職，唯吳大澂以子為父子之子（註4），斯雖至亦以「古者公卿大夫之子弟皆謂小子，故亦以小子自稱，官名並取義於此，蓋掌國子教育之事者也。而與周禮司馬小子之職掌祭祀有別。」（註5）楊樹達則言小子為官屬，並云：「尋周禮天官大宰之下有小宰；地官大司徒之下有小司徒；春官大宗伯之下有小宗伯；夏官大司馬之下有小司馬；秋官大司寇之下有小司寇，皆佐其長以為治者。此外春官大胥外有小胥；大師外有小師；大史外有小史；秋官大行人外有小行人，大抵以大名者為其職之長，而名小者，則為輔佐其事之官，以此推之，小子當謂屬官，殆無可疑也。特小司徒及小胥之類，皆一人之專職，小子為屬吏之泛稱，此為異耳。」又證以逸周書芮良夫篇云：「執政小子」，「惟爾執政朋友小子」，蓋謂執政之群寮（註6）。考毛公鼎銘云：「女兼嗣公族雩參有嗣，小子，師氏、虎臣雩朕褻事。」蓋於參有嗣斷句，而與師氏、虎臣、褻事鼎分為四，故知非屬吏之泛稱。師望壺（三代十二‧十七）銘云：「大師小子師望乍寶壺」，鄭大師甗（三代五‧十）銘云：「奠大師小子侯父乍寶甗」，此或與大師攸關，唯其職掌若何，則有待來茲。此乃小子為其母己所作之禮器。

四、著錄：

1. 金文集(一)圖八三、小子母己卣，二一頁；釋文六七頁。

五、註：

1. 參見古籀篇十九第四－五頁。
2. 參見字例二篇一八五頁。
3. 參見刻詞六一頁小鼎。
4. 參見愙齋五冊七頁上戴師望鼎。
5. 參見兩周金文所見職官考，載中國文化研究彙刊七卷十二頁。
6. 參見積微八十四－八十五頁師望鼎跋及師望鼎再跋。

一、銘文：

259 [犬]且辛且癸卣

259.

二、隸定：

犬，且辛、且癸。亯。

三、考釋：

此卣銘首當為「犬」字，與契文之[犬]（後下、四、十四）形近，象犬張口、豎耳、脩身、卷尾、側足之狀，此蓋用為人名。銘末「亯」字，與本書六一四器蓋同為「亯」字，或方國之名，或族稱。此卣蓋為「且辛」、「且癸」而作，二人同祀，銘文尠見，卜辭則是習見。案：此器標識誤作259.2，當作259。

一、銘文：

260 乍父丁卣

260.1

260.2

二、隸定：

作父丁寶旅彝。

三、考釋：

此卣銘略作器者名，殆為「父丁」而作，乃用以珍寶旅養之祭彝。此器蓋對銘，唯標識之器號有誤，257.1當改為260.1，260當作260.2。

一、銘文：

261 □作父庚卣

261

二、隸定：

□作父庚尊彝。

三、考釋：

銘首「□」字，旁似从二耳為飾，下為戈形，上體所从不識，未詳其義，用為作器者之名。「乍」為反文。此蓋為「父庚」而作之尊（尊）彝。

262 亳乍母癸卣·

一、銘文：

262.1

262.2

二、隸定：

亞𠔽矣亳乍母癸·

三、考釋：

此蓋𠔽國器，乃矣氏名亳者為祭祀其母癸而作之器，詳見本書六五、亳乍母癸鼎考釋·

263 艅白卣

一、銘文：

263.1

263.2

二、隸定：

艅白乍寶障彝·

三、考釋：

此俞國器，金文「俞」字作兪（不㝬簋 三代、九、四八）、兪（魯伯大父簋 三代、八、二）、兪（豆閉簋 三代、九、十八）、兪（黃韋俞父盤 三代、十七、十三）形。說文八下舟部云：「俞，空中木為舟，从亼从舟从巜。巜，水也。」林義光从為从舟，余省聲（註1）。郭沫若釋「艅」為「从舟从今，今即余之異文。余乃琜之初字，玉笏也。……余即琜之正面形，上刻中有玄黃之絢組，下有繅藉也。今則其側視形。」（註2）又云：「字乃从舟从琜之側視形，譌變為小篆之俞，再變為今通行之俞字。」（註3）吳闓生則以為从舟从矢為朕字（註4）。高鴻縉言本作兪，為俞之初文，全象獨木舟在水上之形。後加舟為意符作兪形，省之作兪形（註5）。此卣銘之「艅」字，不从矢，亦不類玉笏之形，殆从舟余聲。此乃俞伯所作之禮器。

四、註：

1. 參見文源。
2. 參見兩攷一一七頁，師艅毀。
3. 參見兩攷一七二頁黃韋艅父盤。
4. 參見吉文卷三、第二。頁豆閉敦。
5. 參見字例二篇一四五頁。

一、銘文：

264 子𣪘乍父丁卣

264.1

264.2

二、隸定：

子[illegible]用作父丁彝。

三、考釋：

此器雖器蓋對銘，而書寫行款稍異，二六四、二器「作」字歧出「用」「父」之際左行；二六四、一則「彝」字稍偏左。作器人名「[illegible]」字，典籍未見，形義無徵。此蓋用以鑄作追享父丁之卣彝。

一、銘文：

265 史戉作父壬卣

265

二、隸定：

史戉作父壬尊彝。

三、考釋：

史戌者，作器人名。史或官稱，以官為氏，若史獸（史獸鼎 三代·四·二三）、史見（史見卣 三代·十三·三）、史頌（史頌匜 三代·十七·三）、史寅（史寅簋 三代·七·二八）是也。此卣為「史戌」為其父「父壬」所作之尊彝。

266 輦作匕癸卣

一、銘文：

266.1

266.2

二、隸定：

輦作匕癸隮彝。[亞]。

三、考釋：

此作器人名，即說文之「輦」字。說文十四上車部云：「輦，輓車也。从車，从㚘在車前引之。」此卣銘正从車，象二人輓車之形，以其輓車，故特著其二手以見意。吳大澂（註1）、高田忠周（註2）皆釋作「輦」。高田氏且謂竝　多夫）竝而輓之，非二人之謂。此蓋「輦」為其匕（妣）癸所作之尊彝。

銘末「[illegible]」字，阮元以為从䒑从言之「善」（註3）。方濬益則以為

□乃鼓之象形，即古「會」字，⌒為蓋上之頂（註4）。魯實先先生則云：「若夫以⌒為繁飾，則猶酉之作□、□，幸之作□、□，皆為無聲義之體，非如□之兼象其眉也。」（註5）蓋以古方名有繁飾之例，□，即幸之繁文。此為氏族之稱或方國之名。

四、註：

1. 參見古籀補附錄二十頁。
2. 參見古籀篇七十五第二一七頁。
3. 參見積古卷二、十二頁善父戊觶。
4. 參見綴遺卷二十一、五頁鼓形父戊爵。
5. 參見殷契新詮之六，六十頁釋□。

一、銘文：

267—268 散白卣蓋、散白卣

267

268.1

268.2

二、隸定：

散白乍□父隣彝。

三、考釋：

「散」字契文未見，而彝銘則作从竹从攴从月之𢿻（散伯簋 三代·七·三五）形。說文四下肉部云：「散，雜肉也。从肉㪔聲。」然金文非从肉而从月，故林義光云：「散从月不从肉，月即夕也，象物形。从攴，林象分散形，本義當為分散之散。」（註1）高田忠周則以為箙字，即筋之異文，然以聞有散氏，而未聞有筋氏，此筋或借為散（註2）。不無轉折迂迴之嫌。高鴻縉則云：「从攴竹會意，竹攴則分散也。月聲。」（註3）後竹變成林，而月聲遂譌成肉聲。其說殆是。散乃國族之稱，白為爵位。或以「散是周王朝統轄下之小國，地在今陝西寶雞縣西南，即水經渭水注中所說之大散關之散。」（註4）「𡰥」字从尸从卜，所从之卜不識。此散伯為𡰥父所作之禮器。

四、註：

1. 參見文源。
2. 參見古籀篇四十一第二九－三〇頁。
3. 參見字例五篇一七八頁。
4. 參見史言、扶風莊白大隊出土的一批西周銅器，載文物一九七二年六期三二頁。

269 小臣豐卣

一、銘文：

二、隸定：

商小臣豐貝，用乍父乙彝。

三、考釋：

此器銘省主格之賞賜者之名。「商」借為賞賜之「賞」。小臣者，官爵之稱。卜辭或用為殷室王子苗裔之稱(註1)。周之小臣，非如韓詩外傳：「國之賤臣」及國語晉語：「飲小臣酒，亦斃」注：「小臣，掌陰事陰令，閽士也。」所云之小臣。其官屬師，若師晨鼎(攈古三之三·三)之小臣；其受命於王及王臣，掌王之燕，出入則前驅也，參與征伐，若小臣謎簋(兩攷·二三)，及射御之事(註2)，此小臣之職守也。

「豐」、「豊」二字，甲骨、金文不同，甲文作豐(後下八·二)、豐(甲編二九三三)、豐(粹二三)、豐(粹五四〇)、豐(藏二三八·四)、豐(菁五·一)形；金文作豐(三代六·五四 宅簋)、豐(三代三·四 豐鼎)、豐(三代十七·二十 散盤)、豐(三代三·三四 豐伯鼎)、豐(三代六·二五 豐簋)形。說文五上豐部云：「豐，豆之豐滿者也。从豆，象形。一曰鄉飲酒有豐侯者，豐，古文豐。」羅振玉本从豆之說，而以古者行禮以玉帛，故从玨(一二玉

269

連貫之形）（註3）。王國維从之，以豐从玨在凵中，言二玉在器中之形（註4）。推之而有「醴」、「禮」諸字（註5）。孫詒讓則據儀禮、大射儀鄭注：「豐其為字，从豆豐聲，近似豆大而卑矣，其字从山从林。」（註6）高鴻縉則謂即籩豆之「籩」之初字象形。乃倚豆而畫竹編為籩之形（註7）。李孝定則以為「豊、豐古蓋一字，豆實豐美，所以事神，以言事神之事，則為禮；以言事神之器，則為豊；以言犧牲玉帛之腆美，則為豐，其始實為一字。」（註8）張日昇則以豐从壴⿰丰丰聲，與⿰豐攴原為一字，狀擊鼓之聲，丰有盛意，遂引申豐為豐滿，而以⿰豐攴為鼓聲之專字（註9）。諸說紛紜歧出，以李氏之說為長。於此則用為人名。蓋賞賜小臣豐貝，而作「父乙」之卣彝。

四、著錄：

1.金文集(一)圖八七、小臣豐卣，三二頁；釋文六七頁。

五、註：

1.參見白川靜、通釋(三)九八頁。

2.參見夏官、司馬下五頁；又靜毀（三代六.五五）及周禮、夏官云：「小臣賓財，掌事如大僕之法」，詳見黃然偉、賞賜一四八－一一四九頁。

3.參見增考中三十八頁下。

4.田倩君以甲骨文中的豊，上部是一器物，其中放著兩串玉，下部是豆（言其祭祀用）。見叢釋八九頁釋禮。

5 參見集林卷六，第十四頁下釋禮。

6 參見名原下二九頁。

7. 參見散盤集釋二八－三八頁。

8. 參見甲文集釋第五、一六八二頁。

9. 參見金詁卷五、三一一八頁。

一、銘文：

270 □白卣

270.1

270.2

二、隸定：

□白曰：明乍父丁障彝。

三、考釋：

此器銘首「□」字，似从爪从口作□，本義未詳，此蓋用為侯國之名或族稱。白，爵名伯也。「□」或□白之名，疑「甲月」合文，典籍無徵，闕。此銘云□白言明為父丁作此障彝。

一、銘文：

271 ⿱宀禹卣

271.1

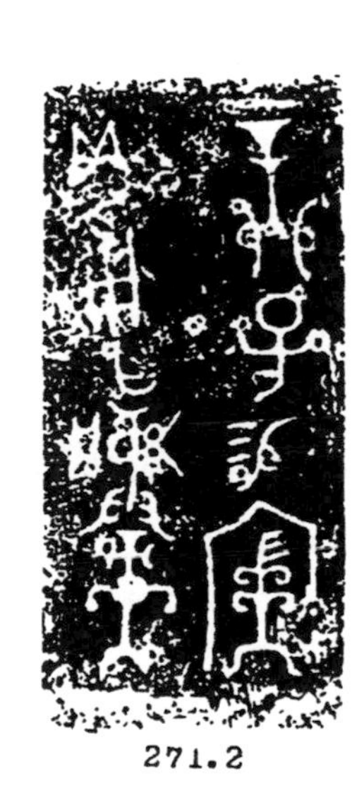

271.2

二、隸定：

辛卯，子易寓貝，用乍彝。庚。

三、考釋：

「辛卯」者，記鑄器之日也。子乃爵稱。「⿱宀禹」字，說文所無，字从宀从禹，殆為「禹」之繁文。此殆用為人名。「彝」字从H為繁文。銘末「□」字，彝銘習見，若冊父庚觚〈三代、十四、三十〉、𣪘壺〈三代、十二、九〉、女帚卣〈三代、十三、五七〉、□冊父丁爵〈三代、十六、二九〉、□父辛簋〈三代、六、十五〉、□冊父癸鼎〈三代、二、四八〉、□鼎〈三代、二、六〉諸器銘。舊疑「庚丙」二字，吳大澂曰：「从庚从丙，當係古禮器象形字，吕受冊命時所陳設也。」〈註1〉或曰古文「賡」字，不从貝〈註2〉。高田忠周釋「庚」，有庚庚垂實之象，下文作□或作冂，象根氐入地之象〈註3〉。馬叙倫釋為「鏡」之初文，□為臺，○為鏡，冂其帶也〈註4〉。郭沫若釋「庚」，言其形製當是有耳可搖之樂器，其下之丙字形，蓋器之鐏耳。而以聲類求之，當即為「鉦」(註5)。赤塚忠言為「庚」之裝飾文字，乃指官職者也(註6)，其中以郭說為長，唯謂即「鉦」器，則尚有可商。此用為方國之名抑族稱。蓋言子賞賜寓貝，寓用為匕（妣）彝。

四、註

1. 參見愙齋十八冊十八頁婦庚卣。
2. 參見古籀補附錄十九頁。
3. 參見古籀篇八十七第一三頁。
4. 參見刻詞八二頁鏡解。
5. 參見甲研釋干支第十—十一頁。
6. 參見殷金文考釋(19)宰椃角第四〇頁。

一、銘文：

272 嗞作母辛卣

272.1

272.2

二、隸定：

頂乍女辛隮彝。頂昜婦娶曰：用䵼于乃姑宓。

三、考釋：

銘首「𩒨」字，諸家不識，李孝定言其字為「从頁从鼎，與許書頂字籀文正同，當是頂字。」(註1) 李說可从，此用為作器者之名。

婦「娶」，李孝定隸作「娶」，疑為「妟」字(註2)，其義未詳。乃受賜人名。

用䵼于乃姑宓者，言用將亯于汝姑之神室。「䵼」，即「將」也，曆鼎銘：「其用夙夕䵼亯」(三代三、四五)，應公鼎銘云：「用夙夕䵼亯」(三代三、三六)，亦即詩、周頌、我將：「我將我亯」之將，箋云：「將，猶奉也。」「宓」者，于氏謂「必」由[illegible]而[illegible]而[illegible]而[illegible]，本為「柲」之初文。廣雅、釋器：「柲，柄也。」柲無以為象，須假器物以明之，从[illegible]象某種量器，米點散落，下象斜柄，从「，」、「、」所以視其柄之所在。金文宓均為祀神之室。宓从宀，其為宮室之義尤顯。經傳宓亦作閟，詩、魯頌、閟宮：「閟宮有侐」。蓋古人藏神主於廟室之幽邃處，因謂其室為宓(註3)。此蓋用其本義，說文宓訓安，殆其引申義。

四、註：

1. 參見金詁附錄(四)二〇五八頁。
2. 參見金詁附錄(四)二二九九頁。
3. 參見于省吾、駢三、第二〇－二二頁釋必。

273 𠨘其卣一

一、銘文：

273.1

273.2

二、隸定：

乙亥，𠨘其易作冊隻孚玉一珏，用作且癸障彝。才六月，隹王六祀翌日。亞獏。

三、考釋：

此器銘蓋屬晚殷形式，首紀「干支日」，次「才某月」，而在文末記「隹王幾祀」，商稱年為祀，書洪範：「惟十有三祀」，孫炎曰：「取四時祭祀一訖也。」(註1)

「𠨘其」者，人名。丁山以𠨘為邲之初文，𠨘其猶言斐然，音轉為不娶，周之士大夫好以不娶無忌為名者，固皆取誼斐然，即𠨘其別寫(註2)。其說未允。魯實先先生則以卜辭之「𠨘」為从卪弋聲，即說文訓橜之弋，从卪示其有法度，爾雅釋宮云：「樴謂之杙」乃其本義。於金文或用為氏。詩衛風桑中：「美孟弋矣」，毛傳：「弋，姓也。」蓋有徵也(註3)。𢦏者其姓，其者其名。

作冊「[子隻]」者，丁山謂為「子隻」合文，殷之王子也(註4)。赤塚忠說同(註5)。按作冊隻子者，作冊，官稱；隻，人名；子與𠬝合為「孚」字，下讀。

「圭玨」者，丁山釋圭、鑽古今字，讀為徵(註6)。赤塚忠言為說文石之次玉，以為系璧之玤(註7)。按字當為「玉」之異體，若丰(後上二六．十五)之作丰(前六．六五．二)形，象三玉之連，卜其緒也。玨者，與令毀銘：「敢揚皇王室」(三代九．二六)所从之「玨」同。蓋从玉从玨，說文所無、。丁山謂為佩玖之玖，玨象其形(註8)。乃玉之單位名稱，或云玨為玗，一玨者，一玗(一具)也(註9)。从闕。「孚玉」者，猶逸周書世俘篇：「武王俘商舊玉」之「俘玉」，書典寶序：「俘厥寶玉」，謂俘所獲之玉也。

翌日者，甲本象羽翼之形，「翼」之本字(註5)。段為「翌」，翌日者，次日，書金縢「翼日」，郭注爾雅釋言：「翌，明也」引書曰：「翌日乃瘳」，是翼日，翌日，明日也。

亞中著「獏」字，為方國之名或族稱。

此器乃「作冊隻」所作，𢦏其乃主賞玉之人，故題為「𢦏其卣」，非允，當題為「作冊隻卣」。

四、註：

1、董彥堂先生以「殷代紀王年者，今所見於卜辭中惟一祀字，如稱『隹王二祀』、『王廿祀』是也。……據余考定，殷人稱一年為一祀，乃帝乙、帝辛時之事，此與祀典有密切關係。」可相發明，參見殷曆譜上編卷三、祀與年第一頁。

2. 參見𠨘其卣三器銘文考釋，載中央日報民三六年六月四日及十一日。

3. 參見殷契新詮之六

4. 參見2引。

5. 參見殷金文考釋𠨘其卣第三(3)十八頁。

6. 參見2引。

7. 參見5引。

8. 參見2引。

9. 參見先考五八○頁。

10. 參見唐蘭、卜釋二下一三下頁。

274 𠨘其卣二

一、銘文：

274.1

274.2

二、隸定：

亞獏，父丁。274.1

亞獏，父丁。274.2

丙辰，王令卯其兄𩰫于夆田，湡旁貝五朋，才正月，遘玗匕丙，肜日。大乙爽，隹王二祀，既𠃬玗上下帝。274.3

2743

三、考釋：

此卣銘首記干支日，次記月祀，與前器辭例相同。

「[illegible]」字，或釋為「瞀殷」二字，敄者，福也。兄敄猶漢人言祝福(註1)。或以「肖」為「祝」之繁體，下為釐字，董作賓云：「麥下加又者，乃一手捉根，一手持條擊之，使麥粒下落，為象更肖。」(註2)此字正从亻(一身)，敄為本字，釐則加上聲符，漢書文帝紀雖有「祝釐」之成語，唯本銘非純抽象祝福之意，而指某種具體之祭禮(註3)。按字為「釐」之異構，此乃人名。「兄」者，祝也，祭也。「夆田」，蓋為地名，若言「商邑」(康侯殷，錄遺一五七)也。「夆」字又見夆伯甗(三代五．六)，夆弔匜(三代十七．四十)等器銘，即經籍所載之「逢」。國語周語：「我皇妣大姜之姪、伯陵之後，逄公之所憑神也。」韋說云：「大姜之祖有逢伯陵也。逢伯陵之後，大姜之姪，殷之諸侯。」或逢伯陵之封邑。

「[illegible]」易貝五朋者，赤塚忠據陳夢家說，釋為㫃(一施)，乃陳設牲牢之謂(註4)。李孝定言从日从乙[illegible]，難以遽定，人名(註4)。字疑从日从乙从水从口作「[illegible]」，以辭例觀之，義與易(一錫)同，釋「施」較長。「易」，孳乳為賓、儐也。考之卜辭，無從貝之賓字，知賓貝之禮，本非殷商之制。陳夢家云：

「西周金文曰：

『叔氏吏貸安㠱白，㠱白賓貸馬轡乘。』貸鼎

『王姜令作冊睘安夷白，夷白賓睘貝、布。』睘卣

『王吏小臣守吏于夷，賓馬兩、金十鈞。』小臣守殷

「王令孟寧登伯，賓貝。」孟爵。

「王命𤔲眔叔緣父歸吳姬饔器，𠂤黃賓𤔲章一馬匹，吳姬賓帛束。」𤔲毀。

「嬰賓豕帛，帛束……太賓豕覭章馬兩，賓嬰覭章帛束。」大毀。

「令史頌省穌……穌賓章、馬三匹、吉金。」史頌毀

「中幾父史幾吏於者侯者監，用厥賓作丁寶毀。」中幾父毀。

凡此皆周王命其近臣使於（命於）侯伯，侯伯賓獻諸臣。凡此侯伯多為異姓的侯伯，他們賓獻於王的使者之物為：

(1)布、帛。

(2)馬匹。

(3)璋。

(4)貝、金。

所謂賓是賓貢：周禮大宰「二曰嬪貢」，注云：「嬪貢皮帛之屬」；楚語下曰：「公貨足以賓獻」，注云：「賓，饗贈也；獻，貢也。」晚周儀禮覲禮記儐使之制：覲禮曰：「侯氏用束帛乘馬儐使者，使者再拜，受。」；「侯氏再拜稽首，賓之束帛乘馬」；聘禮曰：「賓使束錦儐勞者，勞者再拜稽首，受。」凡此侯氏儐天子使者以束帛，乘馬和金文，所賓多為布帛、乘馬、極相符合

。……金文「易」，「賓」雖皆為贈賞物品，在用法上有別：「易」為自上賞賜於下，「賓」為侯伯奉敬於天子的使者。」陳說是也，茲從之。

遘於妣丙者，遘字又見甲文作𨕢（前二、三、六）形，从辵冓聲。蓋為祭名。若「遘上甲口隹十祀」（前三、二七），「囚遘上甲豕五牛囚」（後上十八、三），「日月遘大乙彡日」（簠徵、帝系二四）之例是也，與肄簋銘「遘于妣戊武乙奭」之義合。（三代、六、五二），此殆遘祭妣丙。

「彡日。大乙奭」者，彡乃五祭「彡、翌、祭、𧶠、劦」之一，蓋用鼓樂。商人祭其祖妣，必用祖妣名之日為祭日，而奭字亦某妣為某王之配，是大乙奭者，為妣丙也。故祭日用丙辰。

「既𢦔於上下帝」者，𢦔象人持戈形。說文三下丮部云：「𢦔，擊踝也，从丮戈，讀若踝。」蓋借為祭禮之祼。上帝之名，見於卜辭後編上一八、一四片，甲編一一六四片，於經傳亦有徵者若大雅文王、大明、皇矣、生民、板篇、蕩篇、雲篇、周頌執競、臣工、魯頌閟宮者是也，下帝之號，則前所未聞，殆謂地祇與人鬼乎？

四、著錄：

1.鄴中片羽三集卷上第三十二葉。

2.癡盦十二。

3.金文集(一)圖九二、九三、九四．𠨘其卣一、二四頁；釋文六七頁（遺錄二三三）

五.註：

1.參見丁山、𠨘其卣三器銘文考釋，載中央、三七。

2.參見董作賓、安陽發掘報告七○二頁釋駁斁。

3.參見塚忠、殷金文考釋第一○一一一頁。

4.參見金詁附錄(四)二二二四頁。

一、銘文：

275 𠨘其卣三

275.1

275.3

二、隸定：

亞貘父丁． 275.1

乙巳，王曰：隮文武帝乙圖，才召大廊。遘(大)乙翌日，丙午醫。丁未鬻，己酉，王才梌。𠨘其易貝。才四月，隹王四祀翌曰。 275.2

亞貘父． 275.3

275.2

三考釋：

傳世殷器，銘文長者，若我方鼎四十二字、𨟭作母辛卣四十四字，及此銘之四十一字，逾於此者，則尚未見也。故魯實先、張政烺皆疑其僞器（註1），而容庚、商承祚、郭沫若、于省吾、陳夢家、李棪乃主為晚殷真品。

西周銘文之冊命，有曰、王曰、王若曰、王命、王命某曰、王冊命某曰，諸形式，此器王曰，又見𢦏殷（兩周一五〇）、𩰫殷（三代、九四）、豆閉殷（兩周七七）、中齋鼎（兩周十六）、膳夫山鼎（文物一九六五十七、十九）、師訇殷（兩周一三九）、頌鼎（三代、四、三九）、牧殷（兩周七五）、𨛭殷（兩周一五四）、虢季子白盤（三代、十七、十九）、大盂鼎（三代、四、四二）、毛公鼎（三代、四、四六）、𦙶盨（兩周一四〇）、等器銘，而尚書載王曰之詞者，又見牧誓、大誥、康誥、酒誥、梓材、洛誥、多士、多方、顧命、呂刑、文侯之命．等篇。「王曰」乃表王直接發言，「王若曰」乃間接轉達王命之辭，其義則一（註2）。王曰者，即王說也（註3）。

「圉」字宋人蓋釋宜（註4），羅振玉則釋俎（註5），容庚言宜、俎為一字（註6）。魯實先先生則謂弁有宜、俎二義。宜或為祭名。若：「宜三牢」（鄴三、四六二六片），「丁卯宜于義京囚人、卯十牛、中」（粹、四十五），爾雅、釋天云：「起大事動大眾，必先有事乎社，而後出謂之宜。」禮記、王制云：「天子將出，類乎上帝，宜乎社，造乎禰；諸侯將出，宜乎社，造乎禰，禡於所征之地。」又魯頌、閟宮云：「是饗是宜」，宜本用牲之名，引申則為祭名，或釋作「俎」，叚為「俎」，魯實先先生以己酉彝銘之「己酉戌令⿰阝奠囿于召」（博古、八、五），「⿰阝奠俎」者，讀如存俎，（⿰阝奠乃奠之繁文，奠、存古音同為昷攝，故相通叚。）爾雅釋詁云：「徂，存也。」（註7），⿰阝奠俎于召者，謂省視于召。於此則非省視之義，當用為祭名之「宜」也。

「才召大⿸广耶」者，于省吾言「⿸广耶」从广耶聲，大⿸广耶即大廷，謂宗廟太室之廣庭（註8）。陳夢家言為祝祭之所，亦是饗宴之所（註9）。李孝定以⿸广耶即廳字（註10），赤塚忠以為廟之別稱（註11）。字蓋為廳之初文，為祭祀之所。

丙午「⿳⺈田酉」者，丁山釋作「⿳⺈田口」，訓為止樂之柷敔，丙午繼乙巳，謂「至次日以柷敔節樂祭也。」（註12）字殆从㿝酉聲，當為祭名。

丁未⿲弓鬲弓者，丁山謂：「⿲弓鬲弓，俗作烹，⿲弓鬲弓者，蓋謂用折俎饗百官。」（同上引），朱芳圃亦釋「⿲弓鬲弓」，象鼎中盛肉，旁置匕，下然火，蓋象烹煮之形（註13）。篆文作⿲弓鬲弓，乃形聲字，今則作煮。

「王才⿰木个」之「⿰木个」，丁山、赤塚忠釋梌，即卜辭王狩之「梌」（若前二、三四三，前、二、三、七），即「榆」之本字，李孝定謂：「疑字从木从个作⿰木个，个象矢鏃形。」（註14）字於此蓋為地名。

四.著錄：

1.金文集(一)圖九五切其卣二，二五頁；釋文六八頁(錄遺二七五、二)。

五.註：

1.魯實先以切其卣三器乃今人粗識卜辭彝銘者之偽作，其據有七：

(1)三器銘文俱鏤於器底之外，此為傳世彝器所未見。

(2)三器蓋銘有[illegible]父丁四字，他器鑄此四字者尚有二鼎一尊一觚(鼎見三代二、三八、尊見錄遺一九五、觚見巖窟吉金圖錄五二)，又有單觶，悉無佗銘，唯此切其卣三器，蓋銘之外復有器銘，乙亥卣凡二十五字，丙辰卣凡三十八字，固殷器所尠見，且乙已卣四十二字，斯乃殷器所絕無之例。故其器必有銘，銘必多字，乃夐越前所著錄者。

(3)其器蓋銘為父丁而作，而器銘則無一言及為父丁而作，且乙亥卣之器銘「用作祖癸隮彝」適與父丁之銘大相乖戾。

(4)案卜辭彝銘凡云溝某祖某妣之祭，必記其祖妣之名，而無僅稱日名者，然乙已卣乃云「構乙翌日」，是為卜辭彝銘所未見之例。

(5)卜辭彝銘并有方名曰畬而無佗義。然乙已卣之銘曰「翌日丙畬」，上不著「在」字，則失之文不成義。

(6)夫上帝之名古所多見，下帝之號則斬然未聞，丙辰卣之銘曰

「既㚔于上下帝」，是其義蓋稱地祇或人鬼為下帝，此誠悖謬之尤矣。

(7) 孔達生謂三器銘文皆江夏黃濬所作，黃濬為舊京骨董商尊古齋主人，三器即彼所出售者也。見殷契新詮之六頁五七一五八及七一一七二。

2. 參見董作賓、王若曰古義，刊說文四期一九四四、五；于省吾亦撰王若曰釋義，訓「若」為「如此」，載中國語文一九六六：二，一四九。
3. 參見高鴻縉、毛公鼎集釋七三頁。
4. 見博古圖八卷一五頁己酉彝釋文及薛氏款識卷七秦公鐘釋文。
5. 參見羅振玉、增攷中卷三八頁。
6. 參見金文編俎字下。
7. 參見魯實先、說文正補頁七七一七九。
8. 參見于省吾，駢枝三集釋耶[illegible]。
9. 參見斷代、綜述四七八頁。
10. 參見甲文集釋二九五〇頁。
11. 參見赤塚忠，殷金文考釋第十六頁切其卣第二。
12. 參見切其卣三器銘文考釋。
13. 參見釋叢一九二頁[illegible]。
14. 參見金詁附錄(四)二六六七頁。

一、銘文：

276 保卣

276.1

二、隸定：

乙卯，王令保及殷東或五医（侯）征，兄六品，蔑曆于保，易賓，用作文父癸宗寶隮彝。遘于四方，迨王大祀，祓于周。才二月既望。

三、考釋：

此卣銘與本書二○四保尊銘同而行款稍異，詳見彼考釋。

一、銘文：

277 𥃝尊

277

二、隸定：

唯九月才炎𠂤，甲午。白懋父賜𥃝白馬，妥黃髮散，用禾不杯。𥃝多用追于炎，不𪐊白懋父咎。𥃝萬年永光，用乍團宮旅彝。

三、考釋：

此卣銘與本書二〇五𥃝尊銘同而行款有異，詳見彼考釋。

278 乍冊魖卣

一、銘文：

278.1

278.2

二、隸定：

隹公大史見服于宗周年，才二月既望乙亥。公大史咸見服于辟王，辨于多正，雩四月既生霸庚午，王遣公大史，公大史在豐，賞乍冊魖馬，揚公休，用乍日己肇尊彝。

三、考釋：

隹公大史見服于宗周年，此以事記年之例，他如：

(1)、趞鼎銘：「隹王來各于成周年」〈三代.四.十六〉。

(2)、善夫克鼎銘：「王命善夫舍令于成周，遹正八𠂤之年」〈三代.四.二六〉。

(3)、旅鼎銘：「隹公大僳來伐反尸年」〈三代.四.十六〉。

(4)、臣辰盉銘：「隹王大龠于宗周，呇餈葊京年」〈三代.十四.十二〉。

(5)、睽卣銘：「隹明僳殷成周年」〈三代.十三.三九〉。

(6).中鼎銘：「隹王令南宮伐反虎方之年」〈博古二·十九〉。
(7).臤觶銘：「臤從師雍父戍于古𠂤之年」〈兩攷·六一〉。
(8).麥尊銘：「隹天子休于麥辟侯之年」〈西清·八·三三〉。
(9).鼓𦉢毀銘：「隹巢來𢦏，王令東宮追以六師之年」〈西清三七·三〇〉。
之例是。而年或稱歲，若國差𦉜銘：「國差立事歲」〈三代·十八·十七〉，陳猷釜銘：「陳猶立事歲」〈三代·十八·二三〉，秦尊銘：「秦容成侯適楚之歲」〈梁書·劉之遴傳〉。審諸經傳，亦不乏此例，若左襄九年傳：「會于沙隨之歲」，襄廿五年：「會于夷儀之歲」，廿六年：「齊人城郟之歲」，三十年：「魯叔仲惠伯會郤成子于承匡之歲」，昭公七年：「鑄刑書之歲」，又「晉韓宣子為政，聘于諸侯之歲」皆是其例。此「公大史」者，或疑為作冊畢公(註一)。服本象人奉盤服事之象，義為服事，詩大雅蕩：「曾在是服」，傳：「服，服政事也。」引申為服事天子之邦國亦曰服，如尚書酒誥：「惟亞惟服」是也。故楊樹達以古文服字，皆用為職事之義(註二)，與班毀銘：「王令毛白更虢城公服」〈兩攷·二十〉，井侯毀銘：「𠜶井侯服」〈三代·六·五四〉，毛公鼎銘：「才乃服」〈三代·四·四六〉之「服」義同。

此器「才」、「在」互見，「才二月既望乙亥」之「才」以表時；「在豐」之「在」用諸地，與大盂鼎〈三代·四·四四〉、尹卣〈博古·十一·四一〉用同。

公大史咸見服于辟王，辨于多正者，咸，皆也。見之主詞為公大史，而「見服」與「辨」並立，故曰咸也。或謂公大史率侯服見于王，故曰咸也。見之主詞為公大史，服殆直接賓詞，而王為間接賓詞(註3)。若與前「見服」言，或後說可从。辟者，君也。詩大雅、文王有聲：「皇王維辟」，辟即君，辟王，君王也。正者，長也。「多正」猶多方之「大小多正」，亦即大盂鼎銘之「二三正」(三代、四、四四)，與詩、雲漢：「鞫哉庶正」，箋云：「庶正，眾官之長也」之意同。辨者，別也。「辨于多正」與書、堯典「平章百姓」，史記、五帝紀作「便章百姓」，後漢書、劉愷傳作「辯章百姓」之意同。蓋謂辨別考問而得其定也(註4)。

「公大史」重文2781在「公」下，而2782在「史」下。自「二月既望乙亥」至「季四月既生霸庚午」，凡五十六日。王遣公大史歸于豐，金文稱豐者，又見小臣宅彝(三代、六、五四)、麥鼎(款識、十)、庚嬴鼎(西清、三、三九)諸器銘，大雅、文王有聲：「文王受命，有此武功，既伐于崇，作邑于豐。」豐殆文王所都之地，於今陝西、鄠縣東方。蓋與鎬京(或稱宗周、周)之武王都邑有別。

作冊者，官名。䰧，人稱。說文九上鬼部云：「䰧，鬼皃。从鬼、虎聲。」容庚謂說文所無，偶失察耳(註5)。

四、著錄：

1.斷代(二)29作冊䰧卣、圖象圖版玖，九五頁，銘文圖十五。

銘六行六三字，器蓋同銘。傳洛陽出土。器高二三、五，寬二

一、五，器口十乘十二厘米。今在傅晉生處。（按：于氏言六十字，殆不計重文也。）

2.金文集(二)圖二三六、作冊魖卣，二五頁；釋文、七〇頁。

五、註：

1.參見陳夢家、斷代(二)九六頁。

2.參見小學七八－七九頁釋服。

3.參見斷代(二)九六頁。

4.參見禮記、王制：「論辨然後使之」注。

5.參見金文編卷九、十三頁。

第五節 斝

夫斝之形制，兩柱三足，有鋬似爵而口圓，平底無流與尾，或有四足有蓋者。禮經中或以「散」為「斝」，如明堂位：「加以璧散璧角」，郊特牲云：「舉斝角詔妥尸」，乃言散而不言斝，言斝則不言散，韓詩說諸飲酒器有散無斝，今傳世古酒器有斝無散，蓋以形近而譌也。今之所稱為「斝」者，其名定自宋人，以其似爵而大，故名曰斝。斝不獨用為飲器，又用為灌尊，如周禮、司尊彝：「秋嘗冬烝，祼用斝彝黃彝」，明堂位：「灌尊，夏后氏以雞夷，殷以斝，周以黃目」，左昭十七年傳：「若我用瓘斝玉瓚」是也。斝又用以溫酒，存商器而無周器。銘文極簡，多不稱「斝」名，而以「彝」名之。銘文皆在鋬內。本書凡收斝銘十器，銘文簡短，多僅六字耳。

279 雋斝

一、銘文：

279

二、隸定：

雋

三、考釋：

此斝銘作「雋」，象鳥棲於物上之形。或言為「雖」之緐文（註1）。而此蓋雖氏或名雖者所作之器。

四、註：

1. 參見王永誠、先考五六八頁。

280 丮斝

一、銘文：

280

二、隸定：

丮

三、考釋：

此銘作「丮」字，甲文作[glyph]（藏八九.二）、[glyph]（前五.三十.三）、[glyph]（菁十一.三）形，沈子簋則作[glyph]（三代九.三八）形。羅振玉（註1）、高田忠周（註2）、高鴻縉（註3）諸家皆釋作「丮」。說文三下丮部云：「丮，持也。象手有所丮據也。讀若戟。」與甲骨、金文象人側身長跽，雙手有所持據而未持之形同。唯篆文譌作[glyph]，其初形遂晦。本銘則用為人名或族稱。

四、註：

1.參見增考中六十三頁上。

2.參見古籀篇三十六第二九頁。

3.參見字例二篇一九五－一九六頁。

281 亞中西斝

281

一、銘文：

二、隸定：

亞酉

三、考釋：

此銘亞形中「酉」字，酉之甲文作[glyph](藏八.一)、[glyph](藏二八.四)、[glyph](藏二九.一)、[glyph](拾六.五)、[glyph](拾五.七)、[glyph](拾六.六)、[glyph](甲一.十六.一)、[glyph](前四.三五.五)、[glyph](前二.二.六)、[glyph](後上.九.三)形，彝銘作[glyph]酉卣(三代.十三.五九)、[glyph]酉父癸尊(三代.十一.十)、[glyph]酉乙鼎(三代.二.十一)、[glyph]師酉簋(三代.九.二二)形。羅振玉(註1)、孫詒讓(註2)、林義光(註3)、葉玉森(註4)、郭沫若(註5)諸家悉釋為「酉」，言其象瓶尊之形，乃容酒之器。馬叙倫言為「卣」之本字(註6)。高田忠周以腹中三橫畫乃⺀(水)之省(註7)。觀其形構，知「酉」實象酒尊之形，上象其頸及口緣，葉玉森謂為提梁，非也(註8)。中象腹繪花紋之形，高田忠周謂為水之省，未允。而卣、酉俱是酒器，然形制非一，馬氏之說亦不待辨而自明矣。古文每假「酉」為「酒」(註9)。是銘為作器人名或族稱。

四、註：

1. 參見增考中四頁下。
2. 參見舉例上二頁。
3. 參見文源卷三第十二頁。
4. 參見前釋一卷二十二頁下。
5. 參見甲研下冊釋干支三十一頁下。
6. 參見馬氏論文集一九七頁。

7、參見古籀篇七十六第二九頁．

8、葉玉森謂「酉象容器之上有提梁，∪，上無提梁，惟象容器之形。」說見前釋一卷二十二頁下．

9、郭沫若謂「古金文及卜辭每多假以為酒字」，說見甲研下冊釋干支三十一頁。

282 匿斝

一、銘文：

282

二、隸定：

匿

三、考釋：

匿字甲文未見，林義光云：「象采桑藏筐中形。」(註1) 高田忠周以為：「匸所以藏之器也。从匸若聲。」(註2) 吳大澂云：「一曰藏匿於匸中，以蔽物也。」(註3) 字从匸从若，若本作叒，象人長跽，理髮使順之形(註4)。是銘之匿，蓋象人藏匸中，以其藏於匸中，故須跽，恐其亂髮，故理髮使順。而金文之叒，經籍作若，是隸為「匿」，引申有藏意，亡也。說文十二下匸部：「匿，亡也。」

廣韻入二十四職部云：「匿，藏也，亡也，隱也，陰姦也。」皆其引申義。此則用為作器者之名或族稱。

四、註：

1.參見文源。

2.參見古籀篇二十一、第三三－三四頁。

3.參見古籀補七十四頁。

4.參見李孝定、甲文集釋第六、二〇五二－二〇五五頁。

283 𠂤斝

一、銘文：

283

二、隸定：

𠂤

三、考釋：

此銘乃僅覩，未識何字，闕。

284 亩斝

一、銘文：

284

二、隸定：

啚

三、考釋：

此銘又見甲文作[glyph]（藏、六八、四）、[glyph]（藏、一四五、二）、[glyph]（藏、二五一、三）、[glyph]（前、四、十、四）、[glyph]（前、七、十三、一）形，彝銘作[glyph]（康侯簋 錄遺一五七）、[glyph]（雍伯鼎 三代三、三一）、[glyph]（齊鎛 三代一、六六）形。余永梁釋為「合」（註1），孫詒讓（註2）、羅振玉（註3）、陳夢家（註4）、孫海波（註5）、金祥恒（註6）悉釋作「啚」。說文五下㐭部云：「啚，嗇也。从口㐭。㐭，受也。」然啚从口，象區晝之形，从㐭者，稟也。「啚」為「鄙」之初文。國語周語上：「稟於籍東南，鍾而藏之。」啚本郊鄙藏稟之義。許書誤以引申義為朔義（註7）。此銘用為作器者名或族稱。或以康侯封字鄙（註8）。

四、註：

1. 參見殷虛文字續考。
2. 參見舉例下三十六頁下。
3. 參見增考中七頁上。
4. 參見斷代、一六三頁。
5. 參見文編卷五、十七頁下。
6. 參見續文編卷五、二九頁上。
7. 參見楊樹達、小學四二一四三頁釋啚。
8. 參見容庚、通考四十二頁。

子荷戈斝

一、銘文：

285

二、隸定：

[戈儿]

三、考釋：

[戈儿]字甲文作[illegible]（甲編．六九）、[illegible]（乙．六五四八）、[illegible]（乙．八八九六）形，彝銘又見荷戈父乙卣（三代．十三．四）、[illegible]戊簋（三代．六．八），荷戈父癸卣（三代．十三．五）諸器銘。徐同柏釋子荷戈形（註1），劉心源釋戍字（註2），柯昌濟言伐字（註3），楊樹達釋作仇字（註4），于省吾釋河（註5），屈萬里釋何，即負荷之荷（註6）。此當隸作[戈儿]，从人戈聲，象人荷戈之形，而為「何」之初文。卜辭有[戈儿]方，若：「貞：乎氏羌」（乙．六八八三），乃卜問[戈儿]方抵禦羌方之宜否？此則用為方名或氏族之稱。廣韻下平七歌下言何姓出自周成王母弟唐叔虞，後封於韓。此蓋何氏或何方所作之器。

四、註：

1、參見从古卷十五，七頁商戊𣪘。

2、參見奇觚卷三、三頁戊𣪘。

3、參見韡華一五七頁伐戉譣。

4、參見小學卷二、釋先；又甲文說一頁。

5、參見駢三、七頁。

6、參見書傭三一一｜三一六頁釋穴。

一、銘文：

286

286 辛亞中□罕

二、隸定：

辛亞離

三、考釋：

此器銘亞中之離，甲文作□（前六、四五、四）、□（後上十二、十一）、□（後下三七、六）形；金文作□（隹爵 憲二、三七）、□（亞隹罕 續殷下、六四）、□（亞隹罕冊鉞 鄴羽一上、三四）、□（離父乙尊 三代十一、七）、□（亞中鳥罕父丁簋 三代六、十四）形。阮元謂象兩弓相背，中置矢鏃，旌武功也；此作雀形，鬱鬯之酒，先實於爵（註1）。孫詒讓謂為「𢾰」之省，干似華，上為小鳥張翼，當為手執畢弋形（註2）。馬叙倫謂為「禽」字（註3）。羅振玉則以卜辭从隹在畢中，罕與网同，故「羅」、「離」一字，「離字从隹从离聲，古金文禽作□（王伐許侯鼎），下从罕，知畢即罕。」（註4）。唐蘭言象鳥在毕中之形，隸為「隼」為「稚」(註5)。唯字蓋象以毕捕鳥之形，毕字，羅氏釋「畢」，可从。故陳夢家云：「此字當釋離，非羅字。羅、離、離雉同義，然其形構實有別也。」(註6)蓋以羅从网，離从毕，捕具有別也。卜辭或為方名，若：「貞：王狩離」(乙八一四)，蓋即離氏之封地(註7)。馬氏以製器者乃取鳥為業者(註8)，似有未允。

四、註：

1. 參見積古卷一、二十三頁亞爵父丁彝。
2. 參見刻詞十八頁禽鼎引。
3. 參見刻詞十八頁禽鼎。
4. 參見增考中四十九頁上。
5. 參見天壤文釋二十八—二十九頁下。
6. 參見考古五期十四頁；又李孝定、甲文集釋第四、一二七一頁。
7. 參見李孝定、金詁附錄(一)四一九頁。
8. 參見刻詞十八頁禽鼎。

一、銘文：

287 (中)乍父戊斝

287

二、隸定：

𠣋作父戊。

三、考釋：

此斝銘作「𠣋作父戊」者，蓋為句方千氏為祭啚其「父戊」所作之禮器。與本書二四九，二五三，三四四，五一八器係同人所作，可互見之。

288 亳作母癸斝

一、銘文：

288

二、隸定：

亞㠱矣亳作母癸。

三、考釋：

此乃矣氏名亳者為祭祀其母癸而作之斝，蓋㠱國器，詳見本書六五、亳作母癸鼎考釋。

四、著錄：

1. 鄴羽三上、三六

第六節　盉

盉之為器，見於宋人書中為最早，歐陽公集古錄已著錄一器，其銘曰：「伯玉敦子作寶盉」，唯宋人依傍說文調味之訓，而以盉為調味之器。然盉之用，實和水於酒之器，所以節酒之厚薄者也。故自其形制言之，其有梁或鋬者，所以持而蕩滌之也；其有蓋及細長之喙者，所以使蕩滌時酒不泛溢也；其有喙者，所以注酒於爵也。其狀碩腹而斂口，前有流，後有鋬，上有蓋，下有三款足或四足者，蓋兼溫酒之用。銘則多在蓋內及鋬內。然亦有在器之口內者，如麥盉（三代、十四、十一）。蓋器多對銘，且銘均在腹內者，如伯害盉（三代、十四、九）。或器銘簡而蓋銘繁者，若臣辰盉（三代、十四、十三）器四字而蓋五十字；或蓋器合一銘者，若亞夫盉（通考、三八六）蓋銘亞中「夫」字，器銘「作從彝」三字；或僅蓋有銘而器無銘，若父癸臣辰盉（三代、十四、八）是也。本書凡收盉銘五器。

289 冄[illegible]盉

一、銘文：

289.1

289.2

二、隸定：

冉鱻。

三、考釋：

此盉為冉氏名鱻者所作之器，詳見一九一冉鱻尊銘文考釋。

290 彝戈盉蓋

一、銘文：

290

二、隸定：

彝戈。

三、考釋：

此盉蓋銘文稍泐，仍不掩其形，字作「彝戈」者，乃作器者之名。彝字率用為禮器之總名，作為人名或氏族之稱者，僅此一見。戈所作器則已多覯，此用為人名，殆彝氏名戈者所作之盉。

291 員盉

一、銘文：

291.1

291.2

二、隸定：

鼎乍盉

三、考釋：

此盉器蓋對銘。與本書二五二員乍夾卣皆「員」所作器。「盉」字不見於卜辭，金文作[glyph]免盤（三代.十四.十三）、[glyph]仲皇父盉（三代.十四.十一）、[glyph]才盉（三代.十四.十）、[glyph]伯角父盉（攗二三三.五四）、[glyph]餅子盉（三代.十四.十）、[glyph]季良子盉（三代.十四.十一）、[glyph]伯春盉（三代.十四.八）、[glyph]子禾子釜（三代.十八.二三）形。高田忠周依說文：「盉，調味也，从皿禾聲」推演，以龢、咊、盉音同義近，而从金、鼎者，乃晚出異文，所謂「盉亦鑄器也，故从金、鼎者，咊五味之寶器也」（註一）。王國維「盉之為用，在受尊中之酒與玄酒和之，而注於爵」（註二）。郭沫若則駁王氏之說云：「金文盉从禾者，乃象意而兼諧聲，故如季良父盉，字作[glyph]，象人手持麥秆以吸酒，則盉之初義，殆即如少數民族之咋酒罐耳」（註三）。郭氏釋其初形本義，王氏言其用，皆信而有徵，後金文有从金从和作者，即清儒釋「錄」之字，乃後起形聲字。斯器為員所作之盉。

四、著錄：

1、三代、十四、五、十無蓋銘。

2、貞松續、中、二五

五、註：

1、參見古籀篇二十二第一四頁．

2、參見集林一三三｜一三五頁、說盉一文．

3、參見張家、七頁伯庸父盉．

292 白䌸盉．

一、銘文：

292

二、隸定：

白䌸乍母𡚬旅盉．

三、考釋：

「䌸」字，容庚釋「細」，說文所無（註一）．於余細簋（三代七.十一）、䌸卣（三代十三.三九）諸器銘及此器悉為人名．郭沫若釋「𤔔」，言「𤔔」，作器者名，字當是䌛之省文．孫詒讓釋䌛為緟，近是．」（註二）白川靜亦釋𤔔，言別有𤔔盤（歐米一五二又三代一七.三三）銘：「𤔔厥乍寶𣪘彝」，器為波斯頓美術館藏．然以𤔔不必為䌛之省，䌛象用釜甑董染系之形，東示入朱於橐，與周禮鍾氏掌董染合，孫詒讓釋緟，𤔔亦執絲與釜甑之象，有董蒸糸之義，與繡異字（註3）。考字从爪持糸，編束之間，有物田橫隔，無由見筌甑染絲之象，且彝銘無作繡者，蓋無緣見其必是「繡」字之省。姑从容氏釋「䌷」，形音義則闕如。

「母娟」者，肙或兄之異構，郭沫若云：「狷字所從之肙，乃兄字也。卜辭及金文兄字多如是作，令毀父兄字亦正作肙。」（註4）則此娟蓋从女从兄，或讀兄聲，殆為人名。此伯䌷為母妃所作用以追享養生之器。

四、著錄：

1.金文集(二)圖二五八、伯䌷盉，三三頁；釋文七二頁。

五、註：

1.參見金文編卷十三、一七二八頁。

2.參見兩攷第十頁䌷卣。

3.參見通釋六輯、二六作冊䌷卣、三一三－三一四頁。

4.參見青研八十六－八十七頁、雜說林鐘句鑃鉦鐸。

一、銘文：

293 長由盉

293

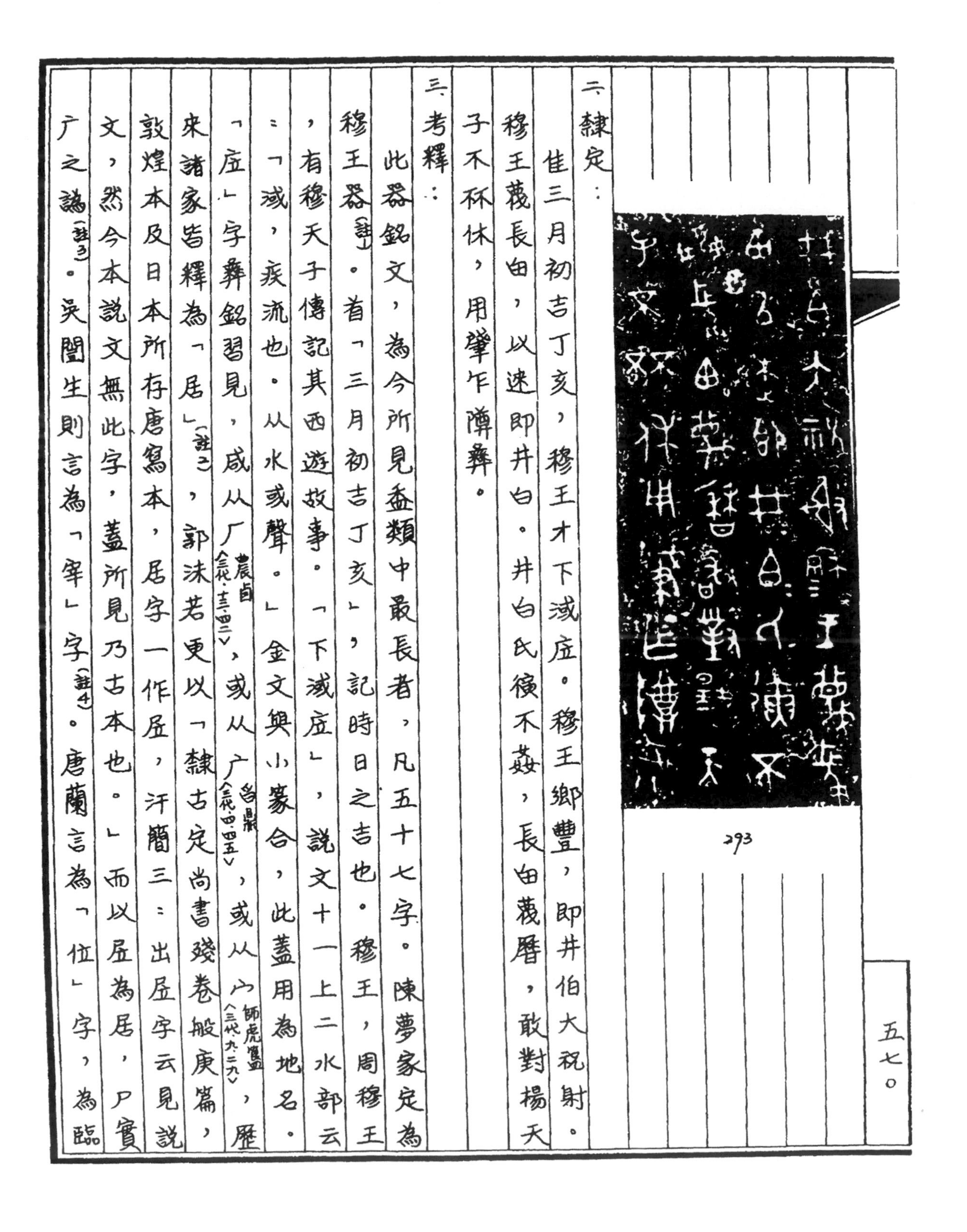

二、隸定：

隹三月初吉丁亥，穆王才下淢应。穆王鄉豐，即井伯大祝射。穆王蔑長甶，以逨即井白。井白氏復不姦，長甶蔑曆，敢對揚天子不杯休，用肈乍隮彝。

三、考釋：

此器銘文，為今所見盉類中最長者，凡五十七字。陳夢家定為穆王器（註一）。首「三月初吉丁亥」，記時日之吉也。穆王，周穆王，有穆天子傳記其西遊故事。「下淢应」，說文十一上二水部云：「淢，疾流也。从水或聲。」金文與小篆合，此蓋用為地名。「应」字彝銘習見，咸从厂（農卣〈三代・十三・四二〉），或从广（呂鼎〈三代・四・四五〉），或从宀（師虎簋〈三代・九・二九〉），歷來諸家皆釋為「居」（註二），郭沫若更以「隸古定尚書殘卷般庚篇，敦煌本及日本所存唐寫本，居字一作凥，汗簡三：出凥字云見說文，然今本說文無此字，蓋所見乃古本也。」而以凥為居，尸賓广之論（註三）。吳闓生則言為「宰」字（註四）。唐蘭言為「位」字，為臨

293

時搭蓋之行宮也（註5）。陳夢家則釋為「廙」，乃「行屋」之謂，其說云：「（⿸广立）字在西周初期金文中數見，中期亦有，其前總是一地名。字或从宀，或从厂，或从广，立聲。卜辭明日、次日作羽日。或以立為聲符，小盂鼎則从日从羽从立。說文：『昱，明日也。从日立聲。』爾雅釋言：『昱，明也。』卜辭之羽日、翌日，尚書大誥、召誥、顧命作『翼日』，可證立、異同音，故廣韻、職部昱、翊、廙、翼等字俱作『與職切』，是金文之⿸广立即說文之廙，行屋也。」（註6）⿸广立乃天子出行所居，即後世之行宮。陳說可从。

「鄉豐」者，鄉，饗也。金文豐、豊一字，故華山碑豐字作豊，桐柏廟碑禮字作禮（註7），乃金文豐、豊無二之遺迹。豊又借為醴字，若：「癸未卜貞：縮豊，由有酒用，十二月」（後下八、二），縮豐即縮醴；仲嬰父作醴鬲（三代五、三五），醴作「豐」；咢侯鼎（三代四、三三）：「內豐于王」，豐借為醴，皆其證也。「即井白」者，井白，人名。左定四年傳：「即命于周」，杜注：「即，就也。」方言十二：「即、圍，就也。」玉篇：「即，就也。」故穆王饗醴，乃就井白與大祝同射，此先饗後射之禮也。咢侯鼎銘：「鄂侯駿方內豊于王，……王休宴，乃射」，此先燕後射之禮也。「大祝」者，官名。周禮春官有大祝之官，其職「掌六祝之辭，以示鬼神，示祈福祥，求永貞。」殆司事鬼神，以禳災求祥之官。大祝之稱，又見大祝禽鼎（三代四·四）銘。

「以逨即井白」者，來从辵，言王與作器者「長甶」同來于井白之所也。即，就也。或釋「逨」為「迹」(註8)，或釋「迹」為「機」，即為法式之楷也(註9)，說似未允。

「氏徲不𦾔」者，氏者，祇也，省示，爾雅釋詁：「祇，敬也。」徲者，从彳从寅，爾雅釋詁：「寅，敬也。」書堯典：「寅賓出日」，史記五帝紀作「敬道日出」；書舜典：「夙夜惟寅」，五帝紀作「夙夜維敬」；無逸：「嚴恭寅畏」，魯周公世家作「嚴恭敬畏」，故寅者，敬也。廣雅釋言：「𦾔者，偽也。」逸周書寶典：「不誠之行故曰𦾔。」不𦾔者，不偽也。此句言恭敬不偽亂也。

「長甶」者，說文九上甶部云：「甶，鬼頭也。象形。」此用為作器者之名。

四、著錄：

1. 斷代(四)二四七頁70長甶盉。

銘六行五六字，在蓋內，器于一九五四年十月於長安縣斗門鎮普渡村出土。

2. 文參一九五五、二、一二八（郭沫若考釋）。
3. 考古第九冊、一七七—一八一（李亞農長甶盉銘釋文註解）。
4. 東大人文科學學報一九五六、二、二三六（于省吾論及）。

五、註：

1. 參見斷代(五)二四七頁．
2. 若吳大澂、古籀補八十四頁；高田忠周、古籀篇十六第三八頁．
3. 參見兩攷十七—十八頁中鼐二．
4. 參見吉文卷三、第十四頁揚𣪘．
5. 參見西周銅器斷代中的康宮問題，載考古學報第二九冊三一頁．
6. 參見斷代(五)二四九頁．
7. 參見瞿潤緡、說壺、二三一頁，載中大文科研究所輯刊第二冊．
8. 參見郭沫若、長由盉考釋，文參一九五五，二，一二八頁．
9. 參見李亞農、長由盉銘釋文註解．

第七節　觚

夫觚之形制，體如圓柱，兩端大而中小，腹以下四面有棱，腹下或有小鈴．周禮、考工記云觚受三升，而韓詩說則以「二升曰觚」，說文四下角部云：「觚，鄉飲酒之爵也．一曰觴受三升者謂之觚．」今之所稱為觚者，其名定自宋人，腹小而口侈，所容不多，飲時酒易四溢；且腹下或有鈴，有端拱之意，與他飲器不類，論語、雍也篇子有觚不觚之歎，而儀禮、周禮觚、觶二字，古今文頗有淆亂，則觚之是否為觚，不無可疑．

其作觚之故，大抵為其祖若父及其自作。銘文簡短，多不稱器名，而稱共名之「彝」，銘多在足之內側，或在口上。本書所收觚銘凡六十六器，銘文簡殺，多僅七字。

294. 夰觚

一、銘文：

294

二、隸定：

亭

三、考釋：

此觚為亭氏或亭名者所作之器，詳見本書一八四夰尊考釋。

295 Y[illegible]觚

一、銘文：

295

二、隸定：

[丫犬]

三、考釋：

此銘从丫从犬，甲文有作[illegible]者，孫海波、文編十卷四頁下收錄，釋為犬田之「狩」字，可參。

一、銘文：

296 ⊛觚

296

二、隸定：

輪。

三、考釋：

此乃輪氏或名輪者所作之器，詳見本書二九⊛鼎考釋。

一、銘文：

297. [illegible]觚

297

二、隸定：

吠．

三、考釋：

此銘他器未見，李孝定以字从夨从甘，疑从「甘」猶从「口」，故疑為「吳」之異構(註1)。吳字甲文作吠(甲編一六三一)，彝銘作𠯑(師酉簋 三代九·二二)、吠(吳王姬鼎 周二·補遺九)形，或从大，若𠯑(吳姬匜 三代十七·二五)，並从口。唯說文二上口部云：「𠯑，塞口也。从口氐省聲。𠯑，古文从甘。」是甘、口可通，釋「吳」可从。此用為氏族之稱或人名。

四、註：

1. 參見金詁附錄(一)一一一六頁。

298 吞觚

一、銘文：

298

二、隸定：

夵

三、考釋：

此銘稍泐不清，于省吾自隸作「夵」字。審其銘上象人正立之形，當為「大」字，天、大本係一字，是卜辭天邑商或作大邑商，唯天之義重在顛頂，故大其首；大之義重在全身，故繪其全身也。下似从山，古文火、山二字形近易淆，而此銘山上又圍二點，或為「火」字，疑未能明，姑隸作「夵」，殆為作器人名或族稱。

一、銘文：

299 □ □

299

二、隸定：

㱃

三、考釋：

此銘又見甲文作□〈菁四·一〉、□〈甲編·二〇五〉、□〈乙·二四八二〉、□〈乙·三三八五〉、□〈佚文四八〉、□〈后·二·七〉、□〈前·二·六·二〉、□〈甲編·一一五二〉形；金文作□異中壺〈三代·十二·十三〉、□余義鐘〈三代·一·五十〉、□魯元匜〈錄遺五一二作盂〉形，或譌變从今作酓伯壺〈三代·十二·六〉形，或从人从酉作□東周左師壺〈三代·十二·十三〉、□

徃公壺〈三代·十三·十五〉形，乃晚出之異構。商承祚以□乃歙之初文（註1），象人就酒器而歙（註2）。葉玉森謂「□□」並象戴胄之人俯首象下形，从㸚即酒，从必乃別構，小點象酒滴形，當並為許書歙字，篆文从今，即□之譌，从㐬，即入之譌。……釋名：「歙，奄也。从口奄引咽之也。」契文搞肖口奄引咽之狀。」（註3）董彥堂宕而廣之，言「象人俯首吐舌捧尊就飲之形。歙其本字，酓其省變也。」（註4）故說文八下歙部云：「歙，歠也。从欠酓聲。□，古文歙（註5），从今水。□〈三食〉，古文歙，从今食。」上引諸家，釋歙皆是，考甲文舌字作□若□，故董氏之說尤搞。唯篆文以形近音近，譌舌為今。从今从水，當為後起形聲字，許書誤末為本耳（註6）。

又一字□〈三代·十三·四三〉，方濬益釋子執椿杵形臼（註7）。高田高周釋擊（註8）。L.C.Hopkins謂象就皿濯髮之形（註9）。柯昌濟以為盈字（註10）。李孝定謂象一人俯首以營狀物就皿中吸飲之形，惟不知當於今之何字耳（註11）。魯實先先生則隸為「卸」字，从卸从皿，示易器擣粟之義，而為「硆」之古文（註12）。字當與「歙」字同，象人以物就皿中吸飲之形。此銘用為作器者之名。吳光煒以音聲求之，酓可讀為楚氏之熊，熊、嬴、然、酓皆同聲通用（註13），則此殆為楚國之人所作器。

四、註：

1. 參見古攷八二頁。
2. 參見佚考八一頁上。

3. 參見說契八頁。
4. 參見殷曆譜下編卷八、旬譜七、八第九頁上；又于省吾亦以㱃象人俯首伸舌於酒器之形，說見駢續十六—十七頁。
5. 屈翼鵬甲釋一六二頁一一一〇片釋文乃不審歛為初文，余乃後起形聲字。
6. 參見甲文集釋第八、二八三二頁。
7. 參見綴遺卷十、十七頁癸杵臼卣。
8. 參見古籀篇五十四第一九頁。
9. 參見中國古文字裡所見的人物，載中山第六冊四九三八—四九三九頁。
10. 參見韓華二九四頁癸盉卣。
11. 參見金詁附錄(二)一〇二三頁。
12. 參見殷契新詮
13. 參見壽春新出楚王鼎考釋，載國風半月刊四卷三期

300—301 旅觚一—二

一、銘文：

300

301

二、隸定：

旅

三、考釋：

此二觚為旅氏或名旅者所作之器，詳見本書一八六、一八七旅尊銘文考釋。

一、銘文：

302 [illegible]觚

302

二、隸定：

[illegible]

三、考釋：

此銘他器未見，象人張手足而立，右手揮擺指張形，未識何字，故闕。

303 [illegible]觚

一、銘文：

303

二、隸定：

[illegible]

三、考釋：

是銘獨見，字从大从山，旁圖二「∨」，疑為繁飾，然本義難考，故闕。

304

一、銘文：

304 [illegible]觚

二、隸定：

[illegible]

三、考釋：

此銘又見[illegible]父乙鼎〈三代・二・十九〉、[illegible]鼎〈三代・二・四〉、[illegible]父辛觚〈三代・十四・二六〉、[illegible]父

乙盉(三代十四、三)、[illegible]父己鼎(三代二、二五)、[illegible]且癸爵(三代十六、三)、[illegible]爵(三代十五、十)、[illegible]父乙爵(三代十六、四)、[illegible]觚(三代十四、十三)等器銘。徐同柏(註1)、方濬益(註2)、馬叙倫(註3)、吳大澂(註4)均謂銘象橫鉞戮人首形，而於字形無徵。高鴻縉以意擬之，隸定作「[illegible]」(註5)。李孝定釋作「馘」(註6)。諸說悉未允。魯實先先生謂字乃从戉兀聲。而為「抏」之古文。以斬首為本義(註7)。此乃作器人名或族稱。考漢印有兀廖者(註8)，殆其遺胤。兇加形符，與兀當同。

四、註：

1. 參見从古卷六、十八頁商橫鉞父乙爵。
2. 參見綴遺卷五、十頁橫戉父乙鼎。
3. 參見刻詞二三頁殺人爵。
4. 參見愙齋二十二冊十四頁斧戮人首形祖癸爵。
5. 參見字例二篇三一三頁。
6. 參見金詁附錄(一)一四八頁。
7. 參見殷契新詮釋[illegible]。
8. 參見十鐘山房印舉卷九、四十五頁。

305 敉觚

一、銘文：

305

二、隸定：

羖

三、考釋：

甲文「羖」字作□〈餘、二、二〉、□〈前、五、四五、七〉、□〈甲編、一一三一〉、□〈乙、二六二六〉、□〈鐵九〇二〉、□〈簠徵、人名、六八〉形，銅器彝銘作□（羖又𣪘）〈青、十二〉、□（亞中高父丁𣪘）〈三代、十一、四一〉、□（養父乙觶）〈三代、十四、四一〉、□（羖又戈）〈三代、十六、十五〉形。羅振玉（註1）、商承祚（註2）、金祥恒（註3）皆釋為「牧」，象以手持鞭而牧羊，古多言牧不言養，如孟子、公孫丑章：「今有受人之牛羊而為之牧之者」，告子章：「牛羊又從而牧之。」詩、小雅無羊：「爾羊來思，……爾牧來思。」由是言之，「羖」為牧羊之「牧」，牧之別書，非養之古文（註4）。屈翼鵬釋作「羖」（註5）。即夏羊牡曰羖。說文五下食部云：「養，供養也。从食羊聲。𦎫，古文養。」甲文、金文皆與說文合。字象手執杖以驅羊，與牧同意，是會意字。於牛為牧，於羊則為羖（養），亦猶於手為盥，於足為洗，於髮為沭，於面為沬也（註6）。後引申畜羖為供養，而牧羊之專字乃借牧為之耳（註7）。故卜辭牧、羖義亦得通，若：「貞：乎王𣪕羊」(乙、二六二六)，「貞：于青𣪕」(乙、三九三五)是。而𣪕於卜辭或為人名，如：「癸口令𣪕[illegible]」(餘二、二)；或為方國之名，若：「貞往于𣪕」(鐵九〇)，「丙申卜貞：𣪕其㞢巛？貞：𣪕亡巛。六月」(佚一〇三)。此銘亦用為作器者名，或𣪕氏所作之器。

四、註：

1. 參見增考中七十頁下。
2. 參見古攷四九頁。
3. 參見釋𣪕，載中國文字廿一冊一一二頁。
4. 參見3引。
5. 參見甲釋一六五頁一一三一片釋文。
6. 參見甲文集釋第五、一七七〇頁，李孝定說。
7. 參見金詁卷五、三三七一頁。

一、銘文：

306 取觚

306

二、隸定：

取

三、考釋：

卜辭「㝵」作□（鐵三・三）、□（前五・二九・四）、□（甲一・二六・十一）、□（戩三六・九）、□（後下四二・十三）形，所謂「从又持貝，得之意也。或增彳，許書古文从見，殆从貝之譌」（註1）。金文作□中得觶（劍古上四三）、□得父乙觶（三代十四・二四）、□得罍（三代十一・三九）、□亞中得父癸卣（三代十二・五六）、□曶鼎（三代四・四五）、□余義鐘（三代一・五十）形。阮元釋退，同㝵（註2）。高田忠周言「㝵為㝵，即㝵本字」（註3）。是从又从貝，又者，手也。貝者，貨也。其會意之恉顯然。禮記曲禮：「臨財毋苟㝵」，春秋定九年：「㝵寶玉大弓」，是㝵之本義也（註4）。說文二下彳部云：「得，行有所㝵也。从彳㝵聲。㝵，古文省彳。」又八下見部云：「㝵，取也。从見从寸。寸度之亦手也。」容庚言从見乃傳寫之譌，當从又（手）持貝，其說至塙，古文从彳、省彳每無別。至於从又、从寸亦同（註5）。此銘从貝从又，當是「得」字。銘意為得方或得氏所作之器。

四、註：

1. 參見增考中六十頁上。
2. 參見積古卷四、四十一頁曶鼎。
3. 參見古籀篇六十四第一七頁。
4. 參見古籀篇九十九第二〇頁。
5. 參見金文編卷二、二八、八八頁。
6. 參見甲文集釋第二、五八二頁。

307 車觚

一、銘文：

307

二、隸定：

車

三、考釋：

甲文「車」字，或繁或省，若[illegible]〈菁、三、一〉、[illegible]〈珠、二九〇〉之省輿（註1）。[illegible]〈菁、三、一〉之有輪輿而無輈（註2）。或僅圖其輪之形作[illegible]〈藏、九一、四〉、[illegible]〈乙、三三四〉。而輪、輈、衡、軛、輿、俱備者，若[illegible]〈續存、七四三〉是也（註3）。此銘之「車」，模泐不清，隱約見輪、輈之形，蓋車方或車氏所作之器。

四、著錄：

1. 鄴羽三上、三八

五、註：

1. 不圖輿者，以車平時不用，卸輿而藏之。見金祥恆、釋車十一頁下。
2. 說文十四上車部云：「輈，轅也。从車舟聲。」
3. 參見增考中四十六頁下。

一、銘文：

308 㱿 [illegible]

308

二、隸定：

㱿

三、考釋：

甲文「㱿」字多見，作[illegible]（鐵一・三）、[illegible]（餘十三・一）、[illegible]（鐵六十・一）、[illegible]（前五・二三・四）形。孫詒讓言舊釋猷，於形不類，而疑當為「㱿」字，引說文殳部：「㱿，从上擊下也。从殳青聲。」言其義為穀，爾雅釋詁：「穀，善也。」（註1）陳邦懷則言「愨」之假（註2）。王襄釋「㲉」之初文（註3）。羅振玉初釋「般」（註4），後以為不可識（註5）。商承祚類編始隸為「⿰南殳」，後之學者莫不風從，郭氏亦以南、⿰南殳一字說之（註6）。殆鐘鎛類之象形，李旦丘（註7）、許敬參（註8）祖述之。唯魯實先先生釋「㲉」（註9）。唐蘭則以四證駁郭氏南鐘之說，以為「南本青，青者，瓦製之樂器也。何以言之？青之動詞為㱿，象以殳擊青。……青字上从屮，象其飾，下作冂形，殆象瓦器而倒置之，口在下也。其中空，故擊之𣪘然（說文青，苦江切）㱿然（說文：㱿，从上擊下也），可以為樂也。」（註10）南乃其假借耳，而卜辭為用牲之名時，則當讀為㲉（註11）。考㱿於卜辭無慮數㕜見，大半為卜人名，或以為武丁時人（註13）。其用為祭牲之名，則讀為𣪊，釋為𣪊子。用為方向之南，則其假借。㕜本瓦製樂器，故乃鼓樂之象，此𤓰文與甲文形同，當係「㕜」字。乃作器者之名，疑與武丁時「㕜」係同一人，故丁山謂：「㕜是武丁時代的重臣，那時國家大事多數由㕜代王貞卜，尤其是征伐之卜多出㕜手；……𣪊之見於春秋、國語者不只一地，莊公三十二年春秋書：『城小𣪊』，左傳云：『為管仲也』，此『𣪊』介於齊魯之間，商代的㕜氏也可能在此。……春秋初期所被滅的𣪊國，可能即商代㕜氏之裔。」（註13）周無㕜氏所作器，殆由此也。

四、註：

1. 參見舉例上七頁，又三七頁下釋𡴘即南，言㪤為㕜，則矛盾乖舛，狐疑不定。
2. 參見福攷三頁下引。
3. 參見類纂存疑二十。
4. 參見增考中六十一頁下。
5. 參見殷考。
6. 參見粹考一六五頁。
7. 參見零拾五卷
8. 參見存真八六頁。
9. 參見姓氏通釋之一，七頁末行。

10. 參見文字記六十七—七十二上

11. 郭氏以㝅為彘子，參見粹考一六五頁；唐蘭則言為畜子之通稱，參見天壤文釋五十一頁上。

12. 參見文字記七十一頁下，又郭氏言「𣪊」本常見之卜人名，亦邑名，古人姓氏與國邑本多一致，參見粹考一四三頁下。

13. 參見氏族及其制度六十頁。

309 鳥觚

309

一、銘文：

二、隸定：

鳥。

三、考釋：

考此銘似鳥側視之形，甲文作（後下·六·五）、（甲·二十六·十九）、（乙·六六六四）（前·四·四三·二）形。楊樹達以其「字形如鳥而口形特顯」，疑為「咮」字（註1）。羅振玉言其高冠脩尾，釋為「雞」字（註2）。金文作（且甲卣 三代·十三·四四）、（鳥魚鼎 三代·二·十三）、（子斝 三代·十三·四八）、（尚觶 三代·十四·五三）、（鳥形卣 三代·五·四）諸形，釋解紛歧，其說有釋「雞」(註3)；釋「雀」(註4)；釋「鳩」(註5)；釋「鶉」(註6)；釋「鳳」(註7)；釋「鶴」(註8)；釋「萑」(註9)；釋「爵」(註10)；釋「鶔」(註11)，衆說雜陳，莫衷一是。然於銘辭，並難徵信。故李孝定云：「竊謂皆鳥字耳」(註12)。說文四上鳥部云：「鳥，長尾禽總名也。象形。鳥之足似匕从匕。」从匕乃鳥足之譌，鳥字蓋象形，或微冠岐尾，或無冠，皆象鳥形。春秋左昭十七年傳：「少皡氏，鳥名官，以少皡摯之立時，鳳鳥適至，故紀於鳥，為鳥師而鳥名。」唐蘭以其居都邑為後代之齊，而以鳥名官之，恐其始皆圖形文字(註13)，此乃鳥氏名鳥者所作之器。

四、註：

1. 參見甲文說二頁釋[illegible]．
2. 參見增考中三十二頁下．
3. 參見方濬益、綴遺卷廿一、三頁雞父癸爵．
4. 參見吳大澂、愙齋廿二冊廿頁雀形父癸爵．又劉心源、奇觚卷七，二四頁父癸爵．
5. 參見高鴻縉、字例二篇五五頁．
6. 參見馬叙倫、刻詞十二頁鶉爵．
7. 參見商承祚、十二貯廿三頁鳳犀爵、
8. 參見馬叙倫、矢令彝，載國刊第四卷一期二○頁。
9. 參見高田忠周、古籀篇九十四第三二頁．

10. 參見強運開、古籀三補附錄第三頁。

11. 參見吳大澂、愙齋二十二冊十三頁鷄形爵。

12. 參見金詁附錄(一)四五〇頁。

13. 參見導論七九頁。

一、銘文：

310—311 鳶觚一—二

310

311

二、隸定：

鳶

三、考釋：

「鳶」字甲文未見，彝銘又見鳶且辛卣（三代十三、四七）、鳶卣與本書三八四、三八五鳶爵四器。于省吾云：

「鳥之頭上為戈形，从鳥戈聲，當即鳶字。廣雅釋鳥：『鷂，鴟也。』王氏疏證云：『其鳶字說文未載，以諸聲之例求之，則當从鳥戈聲，而書作鳶，鳶字古音在元部，古从戈聲之字多有誤入此部者，故說文閔從戈聲，而讀若縣；戉從戈聲，而讀若環。』鳶之從戈聲而音與專切，亦猶是也。此聲之相合者也。鳶字上半與武字上半同體，故隸書減之，則譌為鳶，增之則又譌為鳶。』又云：『後人以鳶為鳶，失之遠矣。』按王說是也。惟謂隸書譌戈為弋，亦有未當，古文偏旁中，戈、弋每互作，如契文武字作[illegible]，金文肇字作肈，或字作或，即其例也。」(註1)

審其形構，象鳥頂立戈之形，蓋即「鳶」字，从鳥戈聲，經傳皆作鳶，如詩大雅旱麓：「鳶飛戾天」，小雅四月：「匪鶉匪鳶」，禮記曲禮：「則載飛鳶」，周禮射鳥氏：「以弓矢敺烏鳶」，鳶即鴟也(註2)，旱麓箋云：「鳶，鴟之類，鳥之貪惡者也。」大氏為鷙鳥，鳶音與專切，穆天子傳一：「烏鳶」，注云：「鳶，音緣」，緣古音在元部，故王、于二氏之說可从。或釋「雞」，乃「雞」之緐文(註3)。或釋「鳶」(註4)。則未若釋「鳶」之於形近是。

此乃鳶氏或名鳶者所作之禮器。

四、註：

1. 參見古雜三頁釋鳶.
2. 參見上引諸釋文，詩旱麓正義引蒼頡解詁；又後漢書馬援傳注，又蓋勳傳注引字林。
3. 參見王永誠、先考五六八－五六九頁.
4. 參見金文編卷四、一四，二○九頁.

一、銘文：

312.伐觚

312

二、隸定：

伐

三、考釋：

「伐」字甲文作[illegible]（藏.四四）、[illegible]（藏.四七.三）、[illegible]（前.六.十八.四）形，金文作[illegible]（三代.七.保卣八.四十）、[illegible]（三代.六.五十）、[illegible]（小校.七.四三）形。加藤常賢謂字由戌及又（手）構成，當有狩誼（註1）。郭沫若言殷周古文伐戍頗相亂，然伐象以戈伐人，戈必及人身；戍示人以戈守戍，人立在戈下，此其大較（註2）。契文作[illegible]，正象戈刃加人頸，擊之義也。非从人持戈（註3）。增又者，表執戈之人。柯昌濟言「所紀當係征伐之事」（註4），乃比附之意，未允。此乃伐方或伐氏所作之禮器。

四、註：

1. 參見非子[illegible]，載中國文字十三冊三一四頁。
2. 參見粹考一四八頁上。
3. 參見甲文集釋第八、二六六一頁。
4. 參見韡華乙篇三頁伐彝；又張秉權、祭祀卜辭中的犧牲，集刊第二八本；又吳其昌、殷代人祭考，載清華周刊文史專號第三十七卷、第九、十號。諸說悉釆征伐剴殺之意。

一、銘文：

313 㚇馴

313

二、隸定：

駇

三、考釋：

本器銘僅「[glyph]」一字，當與本書四。三器銘作「[glyph]」形、五五三器作「[glyph]」形者同，于氏自題為「㚇馴」，蓋以為「㚇」字，从㲋从攴，唯說文有「㲋」無「㚇」，十上㲋部云：「㲋獸也。佀兔，青色而大，象形，頭與兔同，足與鹿同。」則與此形不類。于釋恐非。考此銘與[glyph]𩣡（三代、十四、三三）、[glyph]馴（三代、十四、十五）、及[glyph]爵（三代、十四、五）銘文形近，唯「攴」形一在下，一在旁耳。徐同柏釋「兕形手執朴形」（註一），李孝定則曰：「从馬从攴，當即馭字，契文从又。偏旁从又、从攴、从支、从殳之字，古多通用。」（註二）恐李說較允。考甲文馭字作[illegible]（前二、八、三）、[illegible]（前二、二四、三）、[illegible]（前、五、四六）形，金文則作[illegible]（盂鼎 三代四、四二）、[illegible]（禹鼎 錄遺九九）、[illegible]（駇八卣 三代十三、三六）形，吳式芬以「馬旁作駸，有以人驅馬之象」（註3），方濬益謂从馬从叏，叏即鞭之古文，說文作㪅，與此皆象馬箠之形（註4），王國維云：「馶者，从又持攴毆馬，亦御之意。」（註5）楊樹達則謂「御者持鞭以驅馬，故从馬，从古文鞭，會意。」（註6）李孝定則以「馭為使馬，故从又；馶則鞭之使前，故从攴」，二者會意之恉同而構形略異（註7）。按說文二下彳部云：「御，使馬也。从彳卸。馭，古文御从又馬。」唯「使馬」之義，當以「馭」、「馶」為本字。初民簡殺，使馬為馭之時，或以手擊，或執棍杖，非必定為鞭箠，後禮制增繁，器用轉密，故馭馬之具，則有鞭箠之分。觀此銘所作「[illegible]」形，其形殊簡。而从又、从攴，當係一字，故釋為「馶」。本銘之「馶」，殆用為方名或氏族之稱，楊樹達則疑「馭」為「朔」之假字，馭方即朔方，其言：「朔字今讀所角切，為心母字，然其字本从屰聲，屰讀魚戟切，為疑母字，與御字為雙聲。古韻御在模部，屰在鐸部，模鐸二部為平入，御與朔音至近，故可相通假也。」（註8）備參。

四、註：

1. 參見从古卷七、十六頁周兄爵。
2. 參見金詁附錄(一)四八一頁。
3. 參見攈古卷三之三、二十二頁不嬰敦蓋。

4. 參見綴遺卷十一、二十七頁敺卣。
5. 參見觀堂二〇四九頁不嬰敦蓋銘考釋。
6. 參見積微五十六頁不嬰殷再跋。
7. 參見甲文集釋第十．三〇四一頁。
8. 參見積微五十七頁不嬰殷再跋。

一、銘文：

314 [illegible]觚

314

二、隸定：

僊

三、考釋：

此僊氏或名僊者所作之禮器。詳見本書二三三[illegible]卣考釋。

一、銘文：

315 [illegible]觚

315

二、隸定：

[image: seal-style character]

三、考釋：

此銘他器未見。或云：「从辛从冂，字不可識。」(註1) 甲文「辛」作𢆉(藏三·四)形，金文作𢆉(三代二·十三 父辛鼎)形，與此同，本象刑具曲刀之形(註2)。下从之「冂」，殆插辛之鐏座，此為「辛」字之異構。

四、註：

1、參見金詁附錄(三)一一三八頁。

2、參見郭沫若、甲研下冊釋干支十四頁下。

316

一、銘文：

316 𦥑 觚

二、隸定：

亞⿱其収．

三、考釋：

此銘李孝定言从臼从甘从亞，未審何字（註1）。考銘从亞从其从収。亞或方名，若卜辭：「辛巳貞：令亞」（前、四、三、三），而非繇飾範廓之亞。「⿱其収」象兩手奉箕之形，父辛卣「其」字作[字形][字形]（三代、十三、四六）、父己簋作[字形]（三代、六、二七），是銘之「其」作[字形]，殆其異構，从収乃其繁文，與說文古文箕作[字形]合。箕乃後起形聲字。「亞⿱其収」合文，乃亞方或亞氏名⿱其収（其）者所作之禮器。

四、註：

1. 參見金詁附錄(二)九四六頁。

一、銘文：

317 ⿰東禾觚

317

二、隸定：

⿰禾東

三、考釋：

是銘他器未見。李孝定言字从禾从[illegible]，[illegible]似為「索」之異文(註1)。考甲文索作[illegible](續一.十五)、[illegible](金.三七五)、[illegible](前五.○)形，本象繩索形，上下端岐出者，束端之餘結(註2)。說文六下𣎵部云：「索，艸有莖葉，可作繩索。从𣎵糸。」索於卜辭用為祭名，若「己亥貞：其索？己亥貞：其索于且乙。」(金.三七五)，是銘从索，與甲文合。「穛」字說文所無，本義未詳，此用為人名或氏族之稱。

四、註：

1、參見金詁附錄(二)一○五五頁。

2、參見于省吾、駢三第三十四－三十五頁下。

一、銘文：

318

318 季觚

二、隸定：

季

三、考釋：

殷契卜辭季作[illegible](後下八.十六)、[illegible](後下.十三.九)形，金文則作[illegible]毛公鼎(三代四.四六)、[illegible]作冊(錄遺二六八)形。羅振玉釋「粵」，言金文皆从于从雨，卜辭或从雨省、从[illegible]

，或从雨从子，與古金文同（註1）。葉玉森釋「雩」，為祈雨之祭，金文段雩為粵（註2）。王國維言雩乃古粵字（註3）。郭沫若以「雩」字从雨，于乃竽之初文，象形。「二」象竽管，「亅」其吹也。其从「弓」作者，乃管外之匏（註4）。說文十一下雨部云：「雩，夏祭樂于赤帝，以祈甘雨也。从雨于聲。𦐖，或从羽，雩，羽舞也。」故知雩祭有舞有樂，於甲文多見於骨栖刻辭（註5），其字均與「示」字連文作：「雩示若干數字也」，或言「乞自雩」，據郭沫若之說，凡此（雩）皆為人名（註6）。而金文之雩，均用為語辭之粵。然此銘蓋與卜辭人名同，當為作器者之名。徐同柏言其音讀如扈，地近豐，雩蓋公族都邑（註7）。春秋穀梁僖廿一年經云：「會于雩」，注云：「雩，宋地。雩或為字。」宋乃殷後，殷時或有其地。

四、註：

1. 參見增考中七十七頁下。
2. 參見前釋卷五第四十四頁上。
3. 參見觀堂二〇。四頁毛公鼎銘考釋。
4. 參見粹考一一二|一一三頁。
5. 計後下、八十六；又十三、九；佚一六一；續五、二二、五；又五、二三、九；珠三二八；珠四五八，凡七見。
6. 參見古代銘刻彙考續編八頁骨臼刻辭之一考察。
7. 參見从古卷十六、二十六頁周毛公鼎。

319—320 ⿰耳戈觚一—二

一、銘文：

319

320

二、隸定：

⿰耳戈

三、考釋：

此銘从耳从戈，即「聝」之初文。殆為聝族或名聝者所作之禮器，詳見本書一·七可鼎考釋。

321 車⿰介允觚

一、銘文：

321.

二、隸定：

車⿰介允

三、考釋：

此觚銘上為「車」字，其輪作無輻之輇，直斫木為之。下作「[glyph]九、」，考諸羊[glyph]車觚〈鄴羽三上、三八〉，或為「[glyph]」字。

四、著錄：

1、鄴羽三上、三八羊[glyph]車觚。

一、銘文：

322 [glyph]鬥觚

322

二、隸定：

[glyph]鬥

三、考釋：

此字僅一見，李孝定云：「字从𩰊，从亞形中著一『口』形，不可識。」〔註1〕卜辭有鬥字作[glyph]〈藏、一八、四〉、[glyph]〈乙、四三三〉、[glyph]〈新三〇七〉、[glyph]〈乙、六九八八〉形。羅振玉云：「象二人徒手相搏謂之鬥。」〔註2〕王襄曰：「古鬥字象二人相對徒搏，有爭鬥之誼。」〔註3〕故李孝定云：「契文正象二人手持相對鬥而不舍之形，徒搏之象也。在卜辭為地名。」〔註4〕此銘上亞中一方形，未知何義。說文三下鬥部云：「[glyph]，兩士相對，兵杖在後，象鬥之形。」(註5)段注以為非許語，當訓「爭也。兩丮相對，象形，謂兩人手持相對也。」此形與小篆合，羅李二說可从。卜辭既有鬥地，「金文又有鬥牂爵，鬥牂當為殷代人名，蓋對于鬥地之君長也。此鬥銘一鬥字，當即鬥國之器」(註6)，此蓋亞方或亞氏名鬥者所作之禮器。

四、註：

1. 參見金詁附錄(一)二五一頁。
2. 參見增考中六十二頁下。
3. 參見類纂正編三卷第十二頁上。
4. 參見甲文集釋第三、八八九一八九0頁。
5. 參見柯昌濟、韡華乙篇鬥彝言从兩人執兵相鬥形，蓋从說文。
6. 參見韡華六九七頁鬥彝。

323 ⿱宀万女觚

一、銘文：

323

二、隸定：

⿱宀万女

三、考釋：

「穷」者，从宀从卩，象人於屋下長跽之形，示來賓來也，乃「賓」之異體。高景成曰：「古卩、人、兀、元四字俱通，象室下來人賓客之義。」(註1) 此觚蓋穷方或穷氏名女者所作之器。

四、註：

1、參見金文編卷七、三○下，四二○頁穷字條下引。

一、銘文：

324 [illegible] 觚

324

二、隸定：

聑須

三、考釋：

此銘上从二耳。下疑為「須」字，與本書三四[illegible]鼎同。乃聑方名須所作器。或疑「[illegible]」為「貝」字(註1)，未允。

四、註：

1、參見李孝定說、金詁附錄(一)一六五頁。

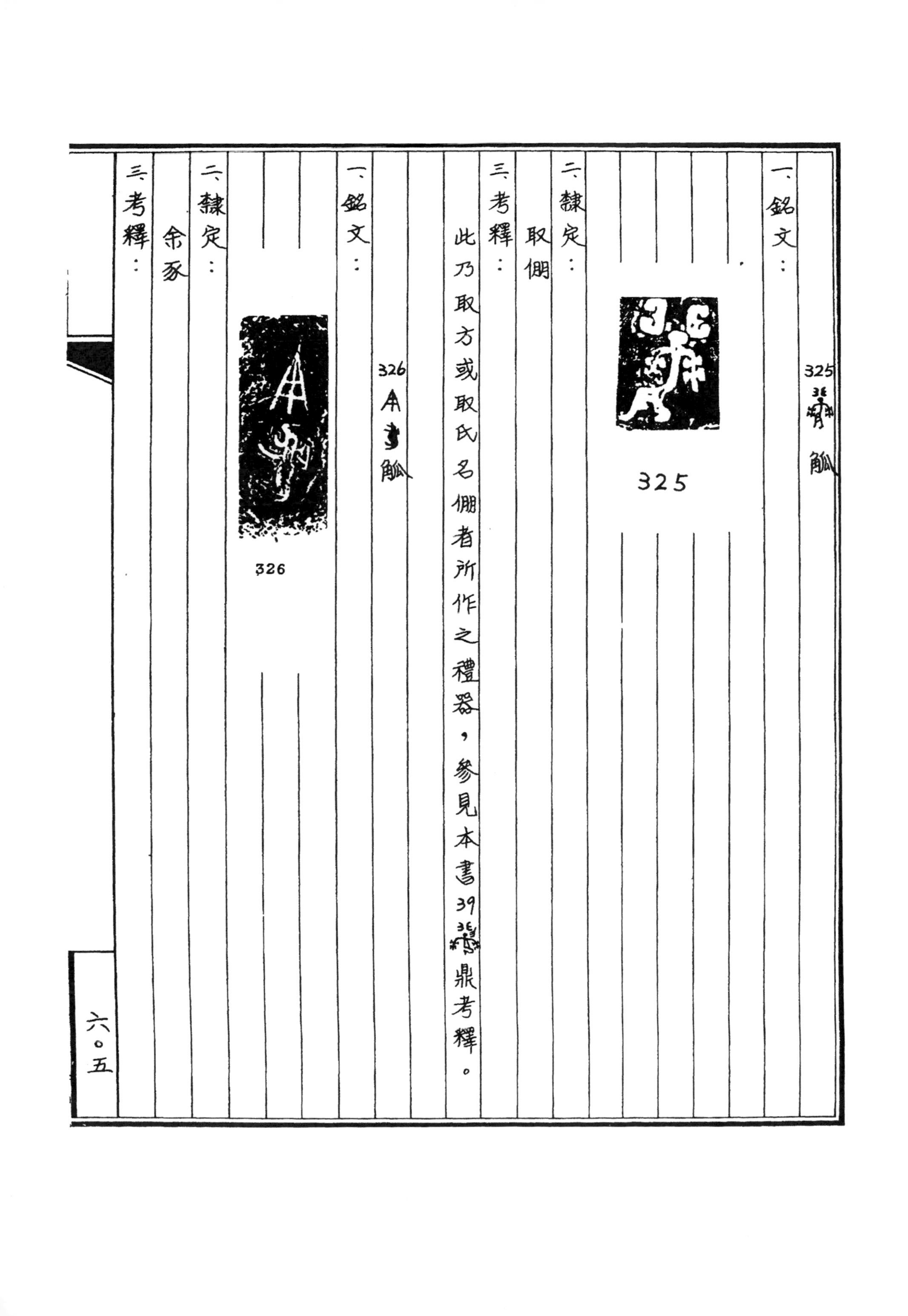

一、銘文：

325

325 觚

二、隸定：

取倗

三、考釋：

此乃取方或取氏名倗者所作之禮器，參見本書39鼎考釋。

一、銘文：

326

326 觚

二、隸定：

余豕

三、考釋：

考甲文有[字形]（藏二〇·四）、[字形]（拾·十一·十六）、[字形]（前·七·三四·一）諸字，或作[字形][字形]（前·六·五二·二）形，孫海波言从止从余，通𨙻（註1）。王襄言古徐字，通𨙻（註2）。商承祚釋途（註3）。于省吾言[金止]，即今途字（註4）。是「[字形]」者，諸家皆以為「余」字。下一獸形，與豕觚（三代·十四·十五）相似，茲釋為「豕」。此乃余國或余氏名豕者所作之器。

四、註：

1. 參見文編二卷二十一頁下。
2. 參見類纂正編二卷第八頁上。
3. 參見類編十二卷七頁。
4. 參見駢三第二十三頁。

327 婦鳥形觚

一、銘文：

327

二、隸定：

婦鳥

三、考釋：

婦字，甲骨、金文有不从女而與帚重文者，若作□（藏．三六．四）、□（前．四．二七．二）、□比作伯婦簋（三代．六．三九）形是。有與篆文同作从女帚聲者，若□（續存．一〇一四）、□（新．二〇二七）、□（粹．七三三）、□守婦簋（三代．六．十）、□令簋（三代．九．二六）形，金文大抵从之。帚字本象植物之形，即爾雅．釋艸所謂：「葥，王，蔧」，注：「王，帚也，似藜，其樹可以為埽。蔧，江東呼之謂落帚。」（註1）說文十二下女部云：「婦，服也。从女持帚灑埽也。」今按當作从女帚聲，「帚」之孳乳字。卜辭中，祖之配曰妣，父之配曰母，而婦者，殆今王之配與（註2）。郭氏以卜辭「婦某」乃人名（註3）。此蓋爲氏之婦所作之器。

四、註：

1. 參見唐蘭、文字記十八－二十頁下。
2. 參見文字記二十頁下。
3. 參見卜通六四頁上。

328－329 冉𪓐觚一－二

一、銘文：

328

329

二、隸定：

冉[illegible]

三、考釋：

此為冉氏名[illegible]者所作之觚器，詳見本書一九一冉[illegible]尊考釋。

一、銘文：

330. 弔車觚

330

二、隸定：

弔車。

三、考釋：

本器銘作「弔車」二字。「弔」字見於甲文作[illegible]〈前一、三九、三〉、[illegible]〈前一、三一、三〉、[illegible]〈前、五、十七、二〉、[illegible]〈後下、十三、二〉形，金文則作[illegible]〈弔姞盨 三代、十、二八〉、[illegible]〈聲鐘 三代、一、六六〉、[illegible]〈鄭登伯鬲 三代、五、二二〉形。吳大澂曰：「弔字从人从弓繫矢，男子之所有事也。弔為男子之美稱，伯仲弔季為長幼之稱，引伸其義又訓為善，不弔即不善，此弔字之本義也。叔字从又从尗，以手拾尗，與伯弔之弔義不相類，吳尊[illegible]金，師[illegible]父敢[illegible]市，周時已假借用之，漢人相因，以叔為弔，又于經文不弔二字多誤為不弔。」(註1)羅振玉則以吳說非也，而言「此字从𠃌象弓形，丶象矢，己象隹射之繳，⋯⋯或即隹之本字，而借為伯叔與」(註2)。高田忠周言「鐘鼎最古文尗字作弔，後變作尗，並象形也。轉義為小少之稱，經傳皆借叔為之。」(註3)吳其昌釋「叔」，言其本義為象增繳卷施于矢桌之上，古者叔、弔為一字，弔字即叔字之誤文也(註4)。楊樹達謂「弔」蓋繫之初字也，說文十三下糸部訓生絲縷也；四上隹部云隿，繳射飛鳥也。繳與繫同，蓋增繳所以射高，絲縷不長，無緣得鳥，長則必屈繞之以便於事，且繫形必待弓與增而後顯，故金文之「弔」，即說文之「弔」，而「弔」字實「繫」之初文，至伯叔之叔，初無本字，金文假弔字為之，經傳假訓拾之叔字為之，同一借音，本無軒輊(註5)。唐蘭亦以「弔」字本應釋作「弔」，金文另有「尗」字，以「弔」字後世讀為「叔」，故借「叔」為之(註6)。按說文八上人部云：「弔，問終也。从人弓。古之葬者厚衣之以薪，故人持弓會歐禽也。弓蓋往復弔問之義。」甲骨、金文皆从𠃌猶𠃌，因為人字，實非弓形，唯其初形朔誼，蓋未知也。「弔」之古讀當與「叔」同，故不弔不淑通用，後世習用叔拾字，遂謂弔亦叔字，唐說是也(註7)。此銘之「弔」亦用為行輩之稱。

四註：

1. 參見字說四－五頁叔字說；又古籀補十五頁。

2. 參見增考中四十四頁上。

3. 參見古籀篇三十一第三四頁。

4. 參見金文名象疏證二二三—二三六頁。

5. 參見小學九四—九五頁。又周法高．金詁卷八、五〇九四頁同

6. 參見尊論下二〇頁下；又釋四方之名，載考古四期三頁。

7. 參見李孝定．甲文集釋第八 二六六九頁。

一、銘文：

331 買車觚

331

二、隸定：

買車

三、考釋：

此乃買氏名車者所作之禮器，詳見本書一九〇買車尊考釋。

一、銘文：

332

觚

332

二、隸定：

壺娊

三、考釋：

疑右文為「壺」字，蓋壺字甲文作□（前、五、五、五）、□（乙、二一四四）、□（乙、二九四四）、□（續存、二三九）、□（元嘉、七九）形，金文形構繁多，若□（甾壺爵 三代、六、二十）、□（卣壺 三代、十三、二九）形，不一而足，說文十下壺部云：「壺，昆吾，圜器也。象形。从大、象其蓋。」字上象蓋，旁有兩耳，从○者，象腹上有環紋也。下象其圈足，或象旁有提梁之形，本非从「大小」之「大」也。此銘象上蓋、中腹、二提梁、二足之形，或即「壺」之異構。左文則象一人持杖之形（註一），人則特重其「目」與「止」，未審其義。殆為作器者之名。

四、註：

1、參見古籀篇五十四第一八頁，言𠂤即杖持象形，釋「㩴」。又方濬益以𠂤乃舉杖形，或為父之異文。參見綴遺卷十九、二十二頁子持杖爵。

一、銘文：

333

333 [illegible]亭觚

二、隸定：

廾亭

三、考釋：

此器上文似象兩手相背之形，而與「廾」字不類。廾於甲骨、金文作廾（藏二六·二）、廾（甲編·二八七）、廾（乙·一三九○）、廾（拾·十·十六）、廾（弔向簋 三代·九·十三）、廾（諫簋 三代·九·十九）、廾（師晨鼎 摭續之二·二）形，皆作兩手相向奉拱之形，故說文三上廾部云：「廾，竦手也。从𠂇从又。𢪒，揚雄說：廾从兩手。」與此字有別，存疑。下文乃「亭」字，此乃[illegible]氏名「亭」者所作之器。

一、銘文：

334

334 朕女觚

二、隸定：

朕女

三、考釋：

「朕」字金文習見，蓋用於自稱之詞，卜辭亦存其迹，若[字形]〈藏一七四．二〉、[字形]〈前三．二七．六〉、[字形]〈前八．十四．二〉、[字形]〈後上．二十．九〉、[字形]〈菁．十一．十七〉形，金文作[字形]沈子簋〈三代六．三八〉、[字形]井侯簋〈三代六．五四〉、[字形]諫簋〈三代九．十九〉、[字形]克鐘〈三代一．二四〉、[字形]大豐簋〈三代九．十三〉、[字形]秦公簋〈三代九．三三〉、[字形]盂鼎〈三代四．四二〉、[字形]吉日壬午劍〈錄遺六．一〉形。昔經傳字書概以「朕」稱「我」，若尚書、洛誥〈註1〉，周頌、訪落〈註2〉，爾雅、釋詁〈註3〉，說文〈註4〉是。又有稱舟縫者，若考工記、函人云：「視其朕，欲其直也」是。羅振玉釋「兆」，象兩手奉火形而从舟，火所以作龜致兆，舟所承龜，訓我者，殆後起之誼矣〈註5〉。郭沫若則以火非奉火，而象兩手奉斧形，殆「兵」之初字〈註6〉。葉玉森謂「廾象兩手奉火釁舟之縫〈註7〉。楊樹達釋「朕」，言朕與勝同，即紀年之滕也〈註8〉。魯實先先生以朕之為字，乃从舟从廾，舟象其履〈註9〉，廾以示其冠，以冠履而構為朕字，冠履者，一人之服，故於自偁則我為大名，朕為小名〈註10〉。馬叙倫以聲轉言「朕」為「

𦩻」(註11)。丁山訓月為舟縫，而以𠬞即舂之上半，從奴持杵(杵形十象)，有所撞擊，言蓋舂櫝之本字(註12)。至若陳氏釋「𦨮」(註13)；洪亮吉言始造舟時，名之為𦨶，以其有艸刱之義(註14)；鄒漢勛以「𦨶」則小兒之胎未成者(註15)，皆牽爾操舳，昧其形義者。李孝定則从舟𢍜之誼，言「𠬞象兩手奉器𢍜舟之形，故引申之，兆璺亦謂之𦨶，而我、予、朕、爾、女之類，係為假借」(註16)。茲說可从，蓋本諸戴震、考工記函人注所數衍而成。此用為國名或氏族之稱，乃𦨶方或𦨶氏之女所作之器。

四、註：

1. 尚書洛誥云：「周公拜手稽首，曰：朕復子明辟。」
2. 詩周頌訪落：「朕未有艾」
3. 爾雅釋詁第一：「卬、吾、台、予、朕、身、甫、余、言、我也。」注：「古者貴賤皆自稱朕。」
4. 說文八下舟部云：「𦨶，我也。闕。」
5. 參見增考中十八頁下。
6. 參見朱芳圃、文字編八卷六頁引。
7. 參見說契五頁下。
8. 參見甲文說、三十四頁釋𠬞宗。
9. 說文履部云：「履从舟，象履形。」
10. 參見殷契新詮之二、釋弁、第三十九－四十二頁。

11. 參見刻詞一二七頁虢叔尊。

12. 參見闕義三四一三六頁。

13. 參見劉心源、奇觚卷四、十二頁天無敦引。

14. 參見曉讀書齋襍錄下。

15. 參見讀書偶識卷十。

16. 參見甲文集釋第八、二七六九頁。

335 目[古文字]觚

一、銘文：

335

二、隸定：

目主

三、考釋：

此器上文為「目」字，象人眼之形。下文殆「主」之異體，考甲文主作[古文字]〈前二、二、三〉、[古文字]〈前四、四八、四〉、[古文字]〈後上、十五、一〉、[古文字]〈後下十五、十五〉形。商承祚曰：「說文解字『主，鐙中火主也。从𡈼，象形。从丶，丶亦聲。』此从木，蓋象燔木為火，殆即主字。」〈註〉乃為「炷」之初文。此銘與契文相類，當亦「主」字，而與說文釋形義正合〈註〉。於卜辭用為地名，本銘則用為人稱。或以一字視之(註3)，未允。當分二字，蓋目族名「主」者所作之器。

四、註：

1. 參見類編五卷十一頁上。

2. 又魏石經、尚書多方：「簡代夏作民主」，古文「主」作「宔」，則未詳所从，參見呂振端、魏三體石經殘字集證卷一、一一五頁(141)主字條。

3. 參見金詁附錄(二)九八八頁，李孝定曰：「从目，目下一文，不知何字。」

336 馭癸觚

一、銘文：

336

二、隸定：

馭癸

三、考釋：

此器銘文作「馭癸」二字。癸於甲文作□(鐵.十二)、□(拾.古.十六)、□(前一.八七)

、[字形]〈前、五、廿八、三〉、[字形]〈甑、二九、六〉形，金文作[字形]〈戉文癸觶 三代、五、四〉、[字形]〈父癸簋 三代、七、四〉、[字形]〈睽尊 三代、十一、三〉、[字形]〈保癸簋 三代、十、六〉、[字形]〈向作父癸簋 三代、六、四二〉、[字形]〈鄦公鼎 三代、四、二二〉形。宋、薛尚功曰：「小篆[字形]具四屮，癸鼎[字形]則一屮三包，此（[字形]）則皆無屮意，豈所謂癸正北方芽蘖未萌者耶。」（註1）羅振玉謂「[字形]乃[字形]之變形，[字形]字上象三鋒，下象著物之柄，與鄭說合，[字形]乃戣之本字，後人加戈耳。」（註2）葉玉森引近人饒炯之說，以癸為葵之古文，象四葉對生形（註3）。高鴻縉更謂象桂花四蕊之形，乃桂（秦人所造字）之初文（註4）。柯昌濟以古「平」字說之，殆象物平衡之狀（註5）。高田忠周則分癸、[字形]為兩字。[字形]為水系；癸从癶為步足，矢與榘同意，謂蹈步而有榘則也（註6）。吳其昌謂其原始之初誼為「矢」之象形，雙矢交揆成[字形]形，而省變其形耳（註7）。擬諸謂癸為兩壬相交（註8）；癸象人足（註9）；癸為規（註10）之說，實較近理，唯矢主及遠，無交揆之理，固不若羅氏釋戣為塙，羅說是也。此「癸」亦用為干支人名，甲、金文中習見。乃駁方或駁氏名癸者所作之器。

四、註：

1. 參見款識卷五、第五六頁癸舉。
2. 參見金文編癸字條下引羅說，初版十四卷十七頁，增訂本已無此字。又戴侗六書故亦疑為三岐矛。又見郭氏甲研釋干支十八頁。
3. 參見前釋一卷一頁。
4. 參見字例二篇四五－四六頁。

5 參見韓華三一八－三一九頁玉解、

6. 參見古籀篇五第三八－三九頁。

7. 參見金文名象疏證二一四－二一八頁。

8. 參見徐同柏、从古卷八、二十頁商父癸爵。

9. 參見陳邦福、十榦形誼箋八頁。

10. 參見陳書農、釋干支（殷契辨疑之一），載學原第二卷第四期五一頁。其言云：「㐅與[illegible]在卜辭中絕不相混，㐅亦不象三鋒矛，以其形與義求之，則㐅乃古陶文⊗之省也。⊗為規之象形，周天四分，而契有度數，省之為⊗，再省則為㐅矣。」

一、銘文：

337 [illegible]

337

二、隸定：

[illegible]

三、考釋：

此銘他器未見，上字似从山从單，中二點不可識，本義未詳，用為方國之稱。下字似為从四「虫」，或虫之緐文，用為作器者之名，殆為䓣方或䓣氏名也者所作之器。

一、銘文：

338 □戈觚

338

二、隸定：

□戈。

三、考釋：

「□」字他器銘未見，觀其形則外圓內方，中有圓孔，若錢幣之屬，正字通云：「古銅為錢，易貨也。古之為市，所有易所無，布幣金刀龜貝之法窮，錢始行。太公立九府圜法錢，外圓而內孔方，輕重以銖。」說文通訓定聲亦言周太公立九府圜法。此象錢形，不知何字。下為「戈」字，乃□方或□氏名戈者所作之器。

一、銘文：

339 龏冂觚

339

二、隸定：

冂龏

三、考釋：

此瓠與本書四二六冂龍爵當係同族之器。「冂」字甲文未見，說文五下冂部云：「冂，邑外謂之郊，郊外謂之野，野外謂之林，林外謂之冂，象遠介也。冋，古文冂，从口，象國邑。」金文皆作「冋」形，用於「冋黃」，唯冋乃後起字，冂當為本字。楊樹達則駁許說之非，謂冂為扃之初文，冂，左右二畫象門左右柱，橫畫象門扃之形，而从冂之鼏，从木貫鼎耳而舉之；央象人依扃而立，頭在冂兩端之正中；帚乃持巾掃冂；熒，燈燭之光在屋下，蓋悉無取於遠界之意也，故冂為象形，扃乃形聲也(註1)。許氏遠界之說當非朔誼，楊氏之論亦未允當，於本銘之「冂」字，用為方名或氏族之稱，「龏」為作器者之名。

四、註：

1.參見小學四九頁釋冂。

一、銘文：

340 龏女瓠

340

二、隸定：

龔女

三、考釋：

「龔」字从龍从収，即經傳之「龔」，此龔方或龔氏名女者所作之禮器。

341 子□觚

341

一、銘文：

二、隸定：

子龍

三、考釋：

「龍」字甲文作□〈藏一〇五、三〉、□〈藏一六三、四〉(註1)、□〈前四、五五、四〉、□〈後上九、五〉、□〈後下六、五〉形，金文作□龍母尊〈三代十一、九〉、□䚷仲無龍鬲〈三代五、三五〉、□䚷仲無龍匕〈三代十八、二九〉、□邵鐘〈三代一、二九〉形。說文十一下龍部云：「龍，鱗蟲之長，能幽能明，能細能巨，能短能長。春分而登天，秋分而潛淵，从肉飛之形，童省聲。」蓋以神化之物說解之矣。羅振玉謂□即許君所謂童省，从□象龍形，□其首，即許君誤以為从肉省，乙其身矣。或省□，但為首角全身之形，或又增足(註2)。說殆可从。而高鴻縉謂龍即今之鱷魚(註3)。朱芳圃謂為神化之巴(註4)，皆非是。「龍」於卜辭用為地名或方國之稱，本銘則用為作器者之名，為子方或子氏名龍者所作之禮器。

四、註：

1. 唐蘭以[illegible]或[illegible]當象龍蛇之類之蟺蟃，非龍字也。[illegible]為旬，[illegible]為雲，[illegible]疑為㥏或憌，參見天壤文釋四十下—四十一頁。嚴一萍則以為「䖝」字，參見殷契徵醫四一頁。
2. 參見增考中三十三頁下。
3. 參見字例二篇八四頁。
4. 朱芳圃謂「龍，神化之巴也。頭上戴辛者，初民視巴為神物，故以燭薪之煇煌，象徵其威靈也。」參見釋叢二十四—二十七頁、龍。

一、銘文：

342 [illegible]且丙觚

342

二、隸定：

⿹戈⿰大干，且丙

三、考釋：

此銘首一字，卜辭作[字形]〈乙、五七九八〉、[字形]〈乙、八一四四〉形，金文圖象顯明，若[字形]且丁尊〈三代、十一、六〉、[字形]觚〈三代、十四、十三〉形是也。方濬益云：「字為子執干戈之形，禮記、檀弓、孔子曰：能執干戈以衛社稷是也。」〔註1〕然字非从子，馬叙倫謂：「從大，右執戈而左執盾，疑說文之戭，即此之譌變。」〔註2〕審此銘乃象人執干戈之形，當隸作「⿹戈⿰大干」，而為「⿹戈大」之異體。魯實先先生云：「⿹戈大乃從戈大聲，示人執戈以事征伐，而為𢧢與𢧵戭之初文。」〔註3〕此乃⿹戈⿰大干氏或⿹戈⿰大干方為其祖丙所作之禮器。

四、註：

1. 參見綴遺卷二十三，五頁、執干戈父己觶。
2. 參見刻詞三六頁父乙觶。
3. 參見殷契新詮釋⿹戈大

一、銘文：

343

343 戈且辛觚

二、隸定：

戈，且辛。

三、考釋：

「戈」字象形，有鐏座、纓飾。此乃戈方或戈氏為其祖辛而作之禮器。

一、銘文：

344 [illegible]父乙觚

344

二、隸定：

㫚，父乙。

三、考釋：

此乃㫚方于氏為「父乙」而作之禮器。詳見本書二四九[illegible]父乙卣銘文考釋。

一、銘文：

345 [矢又]父戊觚

345

二、隸定：

[矢又]，父戊。

三、考釋：

此器銘作「[矢又]父戊」三字。[矢又]字甲文作[glyph]（後下五.十）形，金文則作[glyph]（[矢又]簋 冠上一六）、[glyph]（[矢又]觚 三代.十四.十四）、[glyph]（[矢又]父觚 三代.十四.三）形。方濬益以手執矢形說之[註1]。高田忠周則釋為「敊」，以从又為攴省，又引詩周頌：「束矢其捜」，周禮大司寇：「入束矢于朝」，故矢束義相關，束字涉矢形耳[註2]。然矢、束二字，甲骨、金文形構有別，且彝器若前舉諸例及[矢又]爵（續殷下六六）、[矢又]父癸觶（三代.十四.四七）、[矢又]且己爵（三代.十六.二）、[矢又]父戊觶（三代.十四.四八）銘皆从又，無作攴者，而經傳束矢合文，益見二者之形殊，故知高田氏之誤甚明，字从矢从又，說文所無，或係「矢」字之緐文。本銘則用為方名或氏族之稱，乃[矢又]方或[矢又]氏為其父戊所作之禮器。

四、註：

1. 參見綴遺卷十六，二頁執矢爵。

2、參見古籀篇六十第二三頁。

346 㚔刂父戊觚

一、銘文：

346

二、隸定：

㚔刂，父戊。

三、考釋：

此銘首「㚔刂」字，从㚔从刂，與本書一二五父丁㚔刂毁同，刂或為繁飾，㚔乃象刑具手梏形。此用為方名或氏族之稱。蓋㚔刂方或㚔刂氏為其「父戊」所作之禮器。

347 亞中旅父己觚

一、銘文：

347

二、隸定：

亞斿，父己。

三、考釋：

本器銘于氏誤以「斿」為「旅」字（註1），當正。「斿」字甲文作（藏一·三三·一）、（前二·二六·七）、（前二·四·七）形，羅振玉言从子執旗，為合體象形，乃「游」之初文（註2）。卜辭或用為地名，若「王往斿」（藏一·三三·一），「田于斿」（前二·二六·七），即是其例。此銘从子从㫃，象人跽執旗㫃之形，當亦「斿」字，乃斿方或斿氏為其父己所作之禮器。

四、註：

1. 參見錄遺目錄十三頁。
2. 參見增考中四十六頁上。

348 父辛竝觚

一、銘文：

348

二、隸定：

父辛，竝。

三、考釋：

本器銘作「父辛竝」三字，「竝」字見於卜辭作㚘（佚、三三）、㚘（摭續八五）、㚘（掇、四六）形，銅器彝銘則作竝（並爵）（三代、五、二）、竝（辛伯鼎）（小校、二、八六）形，字下皆从一。高田忠周言象人戴笠而立（註一）。高鴻縉言（竝）取二人並立之意（註二）。此銘則从二大，象二人正面而立之形，故嚴一萍云：「商器圖象文字，有作兩人並立如𠁅形者，乃竝之初文，从二大。說文：『竝，併也。从二立。』二立似非朔誼，甲骨文亦有从二大之㚘，與二立之竝同，从㚘著一作竝者，當較後起。」（註三）並初象二人相併之形，與說文比之古文作㚘、从二大者相同，荀子、儒效八：「俄而並乎堯舜」，注：「比也。」禮運：「並于鬼神」，注：「并也，謂比方之也。」故竝之初文亦从二大也。高田氏言象人戴笠，乃添足之論；而金氏祥恒以竝象正面比肩並立之形，比之古文作㚘，疑為並之古文，恐後人誤入耳（註四）。則未若嚴說之通達。此乃竝方或竝氏為其父「父辛」而作之禮觚，同竝所作者，又有亞中㚒父己簋（續殷、上、三九），己㚒爵（三代、十五、二七），㚒方彝（三代、六、一）諸器。

四、註：

1. 參見古籀篇三十九第四一頁。
2. 參見字例四篇四五頁。
3. 參見釋竝，載中國文字第四冊一頁。
4. 參見釋㚘，載中國文字十五冊一頁。

一、銘文：

349 父辛⿱丱大觚

349

二、隸定：

父辛，⿱丱大。

三、考釋：

此器銘左作「⿱丱大」，李孝定度其「字象人首上出丫角之形」(註1)，周法高承其意而定為「丱」字(註2)。詩齊風甫田：「總角丱兮」，傳：「總角，聚兩髦也。丱，幼稚也。」朱駿聲曰：「剪髮為鬌似之。」(註3)說皆未允，字蓋从大，頭上有飾物之形，未審何字。姑釋為「⿱丱大」字，本銘用為作器者之名。此「⿱丱大」為父辛所作之禮器。

四、著錄：

1. 鄴羽三上、四四

五、註：

1. 參見金詁附錄(一)一三七頁。
2. 參見金詁附錄(一)一三七頁。

3、參見說文通訓定聲第十四部六十七頁卯字條下。

350 隻父癸觚

一、銘文：

350

二、隸定：

隻，父癸。

三、考釋：

「隻」字見於甲文作□（藏一·三·二）、□（拾九·十五）、□（前二·四四·七）、□（戩·四三·十一）形，金文形與卜辭同，作□矢伯隻卣（三代·十三·二六）、□丂隻鼎（三代·二·五一）、□□鼎（錄遺六九）、□禽志盤（三代·七·十六）形。說文四上隹部云：「隻，鳥一枚也。从又持隹，持一隹曰隻；持二隹曰雙。」此銘正象从又持一隹之形。孫海波云：「古文以為獲字，象捕鳥在手之形。」（註1）劉心源（註2）、高田忠周（註3）皆从說文，以一隹曰隻，二隹曰雙說之，然馬叙倫云：「隻為禽獲之獲本字，說文：獲，獵所得也。乃此字義，字从手持鳥會意。今說文訓鳥一枚也，而雙訓隹二枚也，皆非本義，亦或非本訓也。」（註4）馬說可从。本銘義乃「隻」為「父癸」所作之觚彝。

四、註：

1. 參見文編卷四、十頁下．
2. 參見奇觚卷六、十頁伯隻卣．
3. 參見古籀篇九十四、第九頁。
4. 參見刻詞一一一頁矢白卣．

351 羊則車觚

一、銘文：

351

二、隸定：

羊則車．

三、考釋：

此銘「羊」字僅圖其首角之形，蓋「羊」字之異構。「則」字从貝从川，川疑為緐飾。貝者，海介蟲也。象形。此蓋羊方則氏名車者所作之器。銘同者，又見本書四六四羊則車爵．

352 爪亞豕觚

一、銘文：

352

二、隸定：

爪亞豕．

三、考釋：

此器銘同者又見另一觚作[glyph]形（三代十四．三），止銘文布局不一耳。當係同一人所作之器。于省吾自隸為「爪亞豕」（註1），而李孝定曰「亞形外一文，从又从豕．古文偏旁又、殳得通，此疑殺字。」（註2）未允。此乃爪方亞氏名豕者所作之器。

四、註：

1. 參見錄遺目錄十三頁．
2. 參見金詁附錄(一)四八八頁。

353 辛鄉宁觚

一、銘文：

353

二、隸定：

辛鄉宁、

三、考釋：

此為辛方鄉氏名宁者所作之器。

一、銘文：

354 ⿱庚丙父乙觚

354

二、隸定：

⿰冊冊庚，父乙。

三、考釋：

「⿰冊冊」字从二册，為左右對飾。「⿱庚丙」之形製，蓋象有耳可搖之樂器，內象其鐏座之形(註1)。吳大澂謂：「从庚从丙，當係古禮器象形字，皀受册命時所陳設也。」(註2)殆比傅之說。此蓋為册氏名庚者為其父乙所作之禮觚。

四、註：

1.參見郭沫若、甲研釋干支第十-十一頁。

2.參見窓齋十八冊十八頁婦庚卣．

355 孌觚

一、銘文：

355

二、隸定：

孌戊，冊庚。

三、考釋：

銘首「孌」字，从三糸从女，說文所無。茲隸定作「孌」，本義未詳，於此乃人名。「冊冊」則左右各書一冊，殆為繁文。此殆「冊庚」為「孌戊」所作之禮器。

356 婦婦觚

一、銘文：

356

二、隸定：

罪大婦㛿

三、考釋：

此器銘首字未識，從闕。銘末从女从帚，于氏自隸為「㛿」字，說文所無。此或罪大為「婦㛿」所作之器。

357

一、銘文：

357 大且乙觚

二、隸定：

大且乙乍彝。

三、考釋：

此器銘五字，以樵拓漫漶，存「大且乙」三字，銘末似為「𠂤彝」二字。「大」字甲文作大（藏二·三）、大（拾七·十三）、大（戩二·六）形，金文形同作大（大保鼎 三代二·三三）、大（者女觥 三代七·二六作匜）、大（子仲匜 三代七·三九）、大（蔡侯盤 蔡·三八）形。楚器或有以大為大者，若大子鎬（三代十八·二六）、大子鼎（三代二·五五）、鑄客鼎（三代九·二六）等是。說文十下大部云：「大，天大地大人亦大焉，象人形。古文大也。」甲骨、金文皆象人正面站立之形，假為大小之大。故容庚云：「象人正立之形，大大為一字。說文分二部，金文只作大。」（註1）其形昭然若揭，一望可知。此銘本應作「大乍且乙彝」，今脫宕常例，器蓋「大」為「祖乙」所作之禮彝。

四、註：

1、參見金文編卷十六、六頁下。

一、銘文：

358 亳父乙觚

358

二、隸定：

亳戈冊，父乙。

三、考釋：

此觚銘當與本書一三一亳父丁毀為同一人所作器，彼隸為「戈冊亳」，此作「亳戈冊」，辭雖微異而攸同，蓋「亳」為作器者之名，「戈」為族稱，「冊」或為作冊之官。殆戈族官作冊名亳者為「父乙」所作之觚彝。

一、銘文：

359 万𩰫作父辛觚

359

二、隸定：

[戉兀]万𩰫作父辛彝。

三、考釋：

銘者「[圖形文字]」字，當與本書三〇四[圖形文字]觚同，象橫鉞戮人首形，字从戉兀聲，而為「抏」之古文，此用為方名或氏族之稱。「万𩰫」，作器者之名。「万」字甲文作丂（甲編一五八五）形，金文作丂（舟父丁卣 三代十三．三）、丂（亞父丁觚 三代五．三）形。陳介祺釋為「万」（註1），方濬益引陳說釋「万」，謂即「旁」字（註2）。方氏則釋為舉角形（註3）。劉心源疑為「邕」字（註4）。于省吾（註5）、馬叙倫（註6）、楊樹達（註7）皆釋作「亥」．屈翼鵬釋「万」

云：「古鉨萬千之萬字作丂（古璽補補），又千萬之萬字作[glyph]（同上），與本辭之万字同，知万即万，亦即萬字。」(註8) 唯卜辭萬作[glyph][glyph]，象蠍形，乃地名，非紀數字，而金文之萬，已有作紀數字用者，足徵古文十千之萬，即假象蠍形之萬為之，無作万者(註9)。故字當釋「亥」。「㗊」者，召之緐文。此蓋冕万召為其父「父辛」所作之器。

四、著錄：

1. 小校、五、六六、三。
2. 癡盦、二一。

五、註：

1. 參見簠齋卷二、三十四頁上。
2. 參見綴遺卷十、三十二頁舟父丁卣引。
3. 參見綴遺卷十、三十二頁舟父丁卣。
4. 參見奇觚卷六、六頁父丁卣。
5. 參見雙選上釋二頁万父丁甗。
6. 參見刻詞七二頁父丁卣。
7. 參見積微二四九—二五〇頁舟亥父丁卣跋。
8. 參見甲釋二一一頁一五八五片。
9. 參見甲文集釋第一、一〇頁。

第八節 觶

觶之名乃宋人所定，其形制則圓腹侈口、圈足而有蓋，或腹旁有鋬。說文四下角部云：「觶，鄉飲酒角也。禮曰：一人洗舉觶，觶受四升。」又禮記、禮器云：「尊者舉觶」，注：「三升曰觶」，韓詩說始以三升曰觶。觶之銘文甚簡，多不稱「觶」名，而稱其共名「彝」。銘文皆在足內側或腹內。本書凡收觶銘一五器。

360 㞋觶

一、銘文：

360

二、隸定：

㞋

三、考釋：

「㞋」字甲文作（藏八一·三）、（拾一·十三）、（前一·三四·六）、（甲一·二四·三）形，金文作（𣪕鐘 三代一·六五）形。說文三下又部云：「㞋，治也。从又从卩。卩、事之節也。」甲骨、金文皆从又从卩，象人長跽，以手撫順之形，故羅振玉（註1）、商承祚（註2）、葉玉森（註3）、吳其昌（註4）、郭沫若（註5）、唐蘭（註6）、孫海波（註7）、楊樹達（註8）、金祖同（註9）皆釋為「㞋」。唯王襄釋「抑」（註10），未允。字與印之作（毛公鼎 三代四·四六），从爪从卩，象爪捉人，強使之服者有別。字於卜辭用為方國之名，如：「貞我奴人伐及方」（鐵二五九二）是。徐中舒言即書牧誓之「濮人」（註11），說殆無徵。

此乃及方或及氏所作之禮器。

四註：

1. 參見增考中五十九頁下。
2. 參見福攷八頁下。
3. 參見前釋卷四第八頁三行。
4. 參見解詁卷二、三四頁。
5. 參見粹考七二○頁。
6. 參見天壤文釋四八頁。
7. 參見文錄五四○頁。
8. 參見求義三八頁。
9. 參見遺珠一頁下。
10. 參見薑徵、釋帝一九七頁。
11. 參見殷周之際史蹟之探討；又謨異六冊五五二頁。

361 亞中井觶

一、銘文：

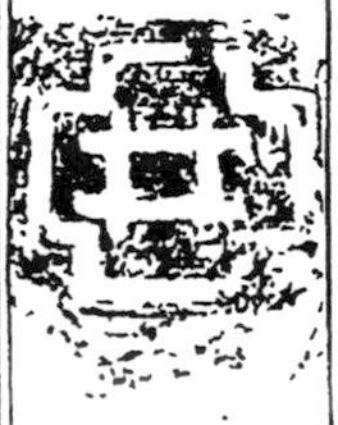

361

二、隸定：

亞井

三、考釋：

此彝銘亞形中著以「井」字，井象構韓四木交加形。字在卜辭為人名或方國之稱，若「婦井」（藏二〇·二），「井方」（後上一八·五），是殷有井方或井氏之證。此則用為作器者之名或氏族之稱。

362、龔女解

一、銘文：

362

二、隸定：

龔女

三、考釋：

「龔」字从龍从収，即經傳之「龔」，此龔方或龔氏名女者所作之禮器。唯此「女」字形殊，疑剔工之誤。

363、𡴀妟觶

一、銘文：

二、隸定：

山妥

三、考釋：

山字甲骨、金文習見作□〈甲編.三六四二〉、□〈乙.二四六三〉、□〈粹.七三〉、□〈新.二五二二〉、□〈山父乙斝 三代.十三.五十〉、□〈山父丁觚 三代.十四.二五〉、□〈山父壬尊 三代.十一.十〉、□〈山御簋 三代.六.三八〉、□〈𠭯且丁卣 三代.十三.三八〉、□〈山且庚觚 三代.十四.二四〉形。蓋皆象山巒起伏不斷之形。故說文九下山部云：「山，宣也。宣气散，生萬物，有石而高，象形。」此正象三峯並矗之形，三有多義。或以為「舟」之異文，□象帆也，則造舟者之族徽也(註1)。未允。山於卜辭或為地名，如：「王山雨」〈甲編.三六四二〉，「庚午卜，王在盟山卜」〈粹.三二六〉；金文大多為作器者之名。

「□」字，李孝定疑為「婦」之異構(註2)。然帚字無作此形者，詳前。故疑此蓋為「妥」字，甲文妥作□〈前五.十九〉、□〈甲編一三五〇〉、□〈乙.八七六三〉，金文作□〈子妥鼎 三代.二.十一〉、□〈妥鼎 三代.六.四〉、□〈妥簋 三代.九.三八〉、□〈蔡姞簋 三代.八.五三〉、□〈鄭井叔鐘 三代.一.二〉形，妥字說文所無。說文有从妥聲之綏、桵、挼三字，故段氏因於十二下女部末補妥篆，釋之曰：「妥也。从爪女。妥與安同意」，蓋以手撫女，有安撫之意(註3)，商承祚有云：「从爪从母，即妥字。古文母、女形近通用。」(註4)。高田忠周則以女母孚育，保養扶持，此謂之妥（註5）。杜其容則以「古籍中妥字義為安者，皆言妥尸，非言男女宴樂之事。如：

詩小雅楚茨云：『以為酒食，以享以祀，以妥以侑，以介景福。』毛傳：『妥，安坐也。』

儀禮特牲饋食禮云：『祝，主人皆拜妥尸，尸不言，尸答拜遂坐。』鄭注：『拜妥尸，拜之使安坐也。』

禮記郊特牲云：『舉斝角詔妥尸，尸始入，舉奠斝若奠角，將祭之，祝則詔主人拜妥尸，使之坐。尸即至尊之坐，或時不自安，則以拜妥之也。』鄭注：『妥，安坐也。』

並其例。復由字形而言：从女，可以表安之之意；从爪，亦正象跪坐之形，故妥字从爪從女當於此索解，而士虞禮云：『男，男尸；女，女尸。』孔疏云：『此經男女別尸，據虞祭而言。至卒哭以後，自禫以前，喪中之祭，皆男女別尸。』古者既有女用女尸之事，是此字从爪从女，正與安尸之義密合，則妥字從女必取女尸以見意，據此不得有二解。」（註5）其不作𠨍𠬝二字者，蓋象形象意文字，既要求其形可象，其意可會，並需顧及文字彼此間之區別（註7），故以𠨍讀抑，以𠬝讀服，以妥讀妥，而說文十二下女部云：「侑，姷或从人。」可資旁證。唯甲骨文妥字學者或訓為安，然而辭意不明（註8），無由確定。金文方面，如寍簋云：「用妥多福」、蔡姞簋云：「用妥多福于皇考德尹惠姬」、或者鼎云：「用妥眉彔」，可與詩樛木「福履綏之」、楚茨「以綏後福」相比附。毛傳訓妥為安，故學者以金文妥字義亦為安。此可以產生一疑問：即妥字係由安尸之義引申為安義，抑或其本義為安，云安尸者，不過其用法之一端而已。對本文立論似不無影響。然而金文妥字雖無安尸之義，詩經妥字用法之時代已較諸器為早。甲骨文即便無此義，要不妨其時妥字可有此義；因為甲骨文大都為占卜之辭，既不載喪吉之禮，自無安尸之語出現。何況象意文字所表語意，非皆以其字形所能顯示者為局限，如齊字作亝，不必為穗上平之稱，得字作㝵，不必其義為獲貝。所以儘管妥字本義為安，仍無礙其字可取安尸見意。

妥字古籍中或作綏，綏字則樛木叶纍；南山叶崔、歸、懷；鴛鴦叶摧，有客叶追、威、夷。所叶諸字，古韻並屬微部（即段氏十五部之一部分），檀弓「退然如不勝衣」，退或作妥，退亦微部字。以此推之，妥字段氏當云十五部，即今之所謂微部。火字讀呼果切，而詩七月叶衣，又叶葦，大田叶穉，所叶諸字亦並在微部。古韻學家對於火字所屬韻部意見一致（如段氏屬十五部，江氏屬脂部，今人屬微部。），則妥字古韻原當屬微部。

故此當為「妥」字。甲金文「妥」字皆當人名用，若：「小臣妥」〈粹·二七五〉、「子妥」〈乙·四〇七四〉又〈天二七二〉、及妥鼎，妥簋，子妥鼎之「妥」皆其例也。此亦用為作器者之名，全銘乃子方名妥者所作之器。

四、註：

1. 參見馬叙倫刻詞四九頁父壬尊引。
2. 參見金詁附錄(二)一二七〇(二五三一)頁
3. 參見甲骨集釋第十二、三六七九頁，又丁驌、釋妥，載中國文字三十九卷一頁。
4. 參見十二尊之頁子妥鼎。
5. 參見古籀篇三十八第十七頁。
6. 參見杜其容、妥字說，載聯合書院學報第八期三十二－三十三
7. 參見龍宇純。中國文字學第三章「論約定與別嫌」一節。
8. 如甲骨文字集釋引殷契粹編一二七五「小臣妥」，及殷虛文字甲編二七〇〇「☐眾妥余☐上下于叙☐商邑亡止☐六月」，以前者為人名，後者訓安，然皆不能定。又乙編尚有兩殘辭云：「癸巳卜隹妥」（八七二片），「癸巳卜妥」（八九五八片）此二辭之妥字，似亦不是安義。

364 吾己觶

一、銘文：

364

二、隸定：

□乙。

三、考釋：

「□」字，未識，从闕。此乃□方或□氏名乙者所作之器。

一、銘文：

365 □女解

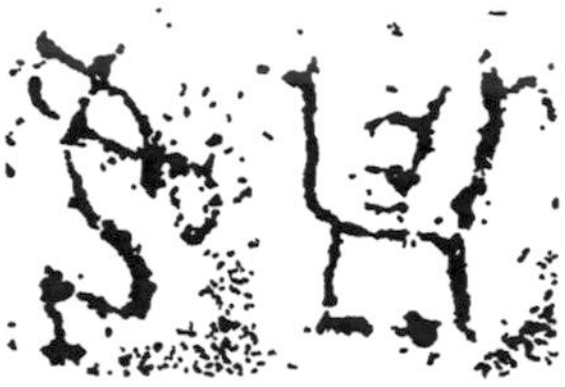

365

二、隸定：

□女。

三、考釋：

本器銘為陽識。銘首从爪从皿，說文所無，此則用為方名或氏族之稱。銘義乃□方之女所作之器。

一、銘文：

366 魚父乙解

二、隸定：

魚，父乙。

三、考釋：

此「魚」氏為其父「父乙」所作之禮器。同銘者又見本書二四八魚父乙卣。

366

一、銘文：

367 □父乙觶

367

二、隸定：

[印]，父乙。

三、考釋：

此器銘之「□」字，甲文多見，作□〈餘·十六·三〉、□〈前·二·十一·七〉、□〈前·二·十二·〉、□〈後下·十四·十八〉、□〈菁·九·六〉、□〈甲·一·三·十六〉形，或釋為「兆」，即說文訓廱蔽之兆〔註一〕；或釋為「印」字，从□从人〔註二〕。於卜辭或用為方名，如：「貞商至于來，十月，才[illegible]」〈前二、十一、七〉是也。彝銘又見[illegible]作且辛爵〈三代、十六、三八〉。此殆印方或印氏為其父「父己」所作之器。考左襄二十七年、二十九年、三十年、三十一年及昭元年、二年傳有「印段」之人，是其明徵。

四、註：

1、參見魯實先先生、殷契新詮之六、第一—六頁。

2、參見王永誠、先考一三八頁。

368 亞中孳父辛觶

一、銘文：

368

二、隸定：

、亞孳，父辛。

三、考釋：

此器銘首亞中著一「[illegible]」字，未識。另父辛盉〈三代、十四、五〉亞中著一「[illegible]」字，劉心源引說文孳之古文作「[illegible]」訓之，隸為「孳」〈註1〉，𠭯鐘〈三代、一、六五〉：「艮孳」之「孳」作[illegible]，與此銘形近，疑「孳」字。銘義指「亞孳」為「父辛」所作之器。

四、註：

1、參見奇觚卷六、三二頁鑾盉。

369　㢆冊父乙觶

一、銘文：

369

二、隸定：

庚冊，父乙。

三、考釋：

此觶銘與本書三五四、三五五器同為「庚冊」所作之器，丁山謂：「人名之外，特著兩冊字者，若非『作冊』省稱，殆即『爯冊』簡文，與般甗之作，特著『來冊』者同其意義。太史之後，稱為史氏；司典之後，亦稱籍氏；官有世功，則有官族，作冊之子孫，宜可稱為冊氏。」（註1）此庚亦冊氏之後，而為其「父乙」作禮觶也。

四、註：

1、參見氏族方國志一二九頁。

一、銘文：

370

二、隸定：

告宁，父戊。

三、考釋：

「告」字甲文作告〈藏六、二〉、告〈藏七、三〉、告〈餘十、三〉、告〈拾十、十三〉、告〈後下三八、九〉、告〈菁二、二〉形，金文形同，作告〈告田罍 三代十一、四十〉、告〈亞中告簋 三代六、六〉、告〈告田鼎 三代二、五〉、告〈毛公鼎 三代四、四六〉形。說文二上告部云：「告，牛觸人，角著橫木，所以告人也。从口从牛。易曰：僮牛之告。」或有釋「告」為「吉」者，商承祚〈註1〉、胡厚宣〈註2〉已斥其非。吳其昌謂告之本義，當即為刑牛之斧，非从牛，而屮形乃斧之柄，告既為刑牲之具，故其後刑牲以祭曰告，又引申為殘酷之酷〈註3〉。沙孟海以屮取放射之義，故由口發言，聲報於其人曰告，增橫之告，乃後起字〈註4〉。劉心源則云告乃牿之初文，口象檻穽，牛陷入口為告〈註5〉。林義光亦以為非从牛，而从口屮，口之所之為告也。告中畫稍長，譌从牛〈註6〉。高田忠周以告之本義為祭告，祭必獻牛羊，又必具冊詞，从牛从口，會意之恉甚顯然矣〈註7〉。楊樹達則以牛鳴謂之告〈註8〉。諸說紛紜，失之牽鑿，或圍於口牛之形，或形義不附，段氏亦嘗疑之，云：「當入口部，从口牛聲。牛可入聲讀玉也。」此用為氏族之稱。乃告方或告氏名宁者為父戊所作之器。

四、註：

1. 參見福攷五頁十一行。
2. 參見屨甲五頁十四行。
3. 參見金文名象疏證五〇九—五一一頁。
4. 參見攈古錄釋文訂四〇九〇—四〇九三頁。
5. 參見奇觚卷三、十一頁告田設。
6. 參見文源。
7. 參見古籀篇五十一第一九頁。
8. 參見述林五七—五八頁釋告。

371 朋父丁觶

一、銘文：

371

二、隸定：

朋豕冊，父丁。

三、考釋：

「[glyph]」字象二目之形，曾實先先生以為即「䀠」之初文，為方名或氏族之稱，謂䀠方當今濯水（河南、遂平縣），地望距殷較遠，故䀠方亦尟見於卜辭（註一）。衛聚賢則言「上為兩目，表示在看，中為犀牛，下為兩『册』字，再下為『父丁』二字。言父丁看見犀牛，告訴族人，因獲此犀牛，乃册封父丁，並於銅製的觶（一酒器）上鑄這個半觶半字的『圖形文字』。」（註二）鄧書燕說，聊備一說。「豕」當為作器者之名，「册」為官名或氏族之稱。蓋為「父丁」而作之觶彝。

四、註：

1. 參見殷契新詮之六，五八－六一頁。
2. 參見文字學七二頁。

一、銘文：

372 [glyph]作父丁觶

372

二、隸定：

句作父丁尊彝。

三、考釋：

此觶銘左右反刻，陽識。銘首「[illegible]」字，又見父癸盉（三代、十四、五）作[illegible]，父丁鼎（三代、二、二三）作[illegible]形，徐同柏釋為从口丩聲之「句」，讀如鉤（註1）。方濬益亦言為句之變體（註2）。李孝定則謂為「帶鉤之象形」（註3）。其說可从，字象帶鉤曲折之狀，說文三上句部訓句為曲，乃引申義。字用為作器者之名，而為其「父丁」所作之尊彝。

四、註：

1. 參見从古卷十一，四頁商句鼎。
2. 參見綴遺卷五、二五頁句父辛鼎。
3. 參見金詁附錄(二)六六三頁。

373 父己耒麐觶

一、銘文：

373

二、隸定：

父己，禾庚吅 II．

三、考釋：

此觶乃禾方或禾氏名庚者為父己所作之禮器。銘末二字，未識從闕。

374 弔傁觶

一、銘文：

374

二、隸定：

弔僿乍櫹公寶彝。

三、考釋：

「傁」字或釋「僿」[註一]，李孝定則疑為「傳」之異文，从山與龍節作「𢓊」从止者形近[註二]。字殆从人从由从又从土，當隸定為「僿」，或「德」之異文。弔借為叔，叔僿殆作器者之名。櫹國器又見本書二二三櫹医壺，唯此櫹增口作「櫹」，蓋「叔僿」為「櫹公」所作之寶彝。

四、註：

1、參見金詁卷八，五〇六六頁。

2、參見金詁附錄(四)二〇一七頁。

第九節　爵

爵之形制，前有流，後有尾，旁有鋬，上有二柱，下有三足，有蓋。說文五下鬯部云：「爵，禮器也，象爵之形，中有鬯酒，又，持之也。所以飲器象爵者，取其鳴節節足足也。」其見于三禮圖(十三四)者，刻木為爵形，背負琖，下為圓足，為古器所未有。今之所稱為爵者，其名定于宋人。其時代多屬于商，間及于西周前期，後此蓋未之見。其銘文極簡，多不稱「爵」名，間以共名「彝」稱之，銘則多在鋬內，或在柱，在流，在腹內外，在足，在尾內，在蓋，不定其處。本書所著錄爵銘凡一〇三器。

一、銘文：

375 亼爵

375

二、隸定：

亭

三、考釋：

此爵為亭氏或亭名者所作之器。詳見本書一八四斧尊考釋。

一、銘文：

376 [illegible] 爵

376

二、隸定：

攻

三、考釋：

此銘他器未見，李孝定言从二月从工，疑為「攻」字(註1)。攻字甲文作[illegible](粹根·四九)、攻(甲編·三一七)形，唐蘭(註2)、屈翼鵬(註3)釋攻，而國差𦉜作攻(三代·十八·十七)，攻吳王鑑作[illegible](三代·十八·二四)，齊鎛作[illegible](三代·一·六六)形。是銘从二攴者，緐文也。當與「攻」字同。用為作器人名或族稱。

四、註：

1. 參見金詁附錄(二)一一六六頁。
2. 參見天壤文釋五十四頁下。
3. 參見甲釋四。八頁三一七一片釋文。

377 串爵

一、銘文：

377

二、隸定：

串

三、考釋：

此爵銘作「[illegible]」，象物貫串之形，當為「串」字，乃作器者之名。詩大雅皇矣：「串夷載路」，箋云：「串夷即混夷，西戎國名也。」未知本器銘之「串」是串夷之人否？

378 中爵

一、銘文：

378

二、隸定：

中

三、考釋：

中字甲文作[illegible]〈藏五二〉、[illegible]〈前一六一〉、[illegible]〈前三三二〉、[illegible]〈前四三七四〉、[illegible]〈前五六一〉

中〈戩·三四〉形，金文作□〈中婦鼎 三代二·三〉、□〈作妣己鼎 三代十四·五四〉、□〈趞曹鼎 三代四·二四〉、□〈中父辛爵 三代十六·十八〉、□〈企中且觶 三代十四·四九〉、□〈盂鼎二 三代四·四四〉、□〈子禾子釜 三代十八·二三〉、□〈中口宮鼎 三代二·五三〉、中〈中𧶠 青·五〉、中〈令鼎 三代四·二七〉、中〈中都戈 三代十九·二九〉形，侯馬盟書作□〈五六·二〇〉、□〈五六·一九〉、中〈一九五·八〉、□〈一五六·二五〉形（註1），泉文又作中形（註2），古匋作□〈甲·六〉、□〈周·五七·九〉、□〈季·七·六四〉、□〈甲·六〉、□〈學·一九五六〉、中〈甲·一九〉諸形（註3）。其□字，吳大澂以為「兩旗之中立必正也（註4）。郭沫若則謂「其所圈處適當其中」（註5）。馬叙倫云為「什伍集中之義」（註6）。高鴻縉以為「中之本意為中心，中點，从□，象旗竿及其斿偃之形，而以口或○為符號，以指明其部位，指中點為中，故為指事字。」（註7）林義光則以□為□，言其本義當為射中的之中，○象正鵠，□象矢有繳形（註8）。而「□」字，丁佛言釋游（註9），高田忠周釋作旗（註10），馬叙倫則以為旗之初文而省變（註11），高鴻縉釋作㫃，為旌旗杠皃（註12）；「中」字，郭沫若謂為「中的之中」，會意，中直象矢，腰環象的（註13）。高田忠周則云中之本訓當為矢箸正也，曰象射矦形，从丨，通也（註14）。是中字鼎分為三，以□為中正之中；中為伯仲之中；□為旗㫃之形。唐蘭則謂三形本為一字，中字作□者，象九斿，作□者，象六斿，作□者，象四斿，其中以□為最古，凡垂直之線，中間恒加點（註15），雙鉤寫之，因成□□形，後□形盛行，由以省變，遂為中形矣。說文作中、□、□三形，中即中形之小變，□為中之譌，□為□之譌。蓋古者有大事，聚眾於曠地，先建中焉，群眾望見中而趨附。群眾來自四方，則建中之地為中央，而其所立之地恒為中央，遂引申為中央之義，因更引申為一切之中（註16）。故列其字形之演變如下表：

*[glyph]——[glyph]——[glyph]——中

[glyph]

[glyph]＝[glyph]＝[glyph]

*凡斿向左或向右不拘

唐氏合三形為一字，發前人所未言，洵為卓見，然謂「凡垂直之線，中間恒加一點，雙鉤寫之，因為[glyph]形」，則疑有未備，卯師德修云：「古金文有中字作[glyph]（仲中且觶 三代、十四、四九），文曰：「仲[glyph]且」（註17）自字形辭例觀之，當為殷器。又殷契粹編一二一八片有中字作[glyph]，其辭云：「己下卜[glyph][glyph]太[glyph]太[glyph]」（己亥卜爭貞：王勿立中？），由辭例覘知，亦是中字，蓋其上有「立」字也。則唐氏所作之表，似可修正為：

[glyph]——[glyph]——[glyph]——中——中——[glyph]（註18）

[glyph]

[glyph]＝[glyph]＝[glyph]

又以伯仲叔季為長少之次，殆抽象之概念，乃借中旗之中為之，故二者以常用互混，求與之別，故一多从斿作[glyph]形，一省斿為之成中形也。此義既兩歧，則形亦有別，然亦有混用者，故吳闓生曰：「又謂中不作[glyph]則是仲字，然古稱仲子，以其居中而名，中仲本一字，楚中子化盤、辛中姬鼎仲字皆作[illegible]，而變敦宮中念器祇作中，是古人不拘拘一律也。」(註19)中之本義為旗常，本如斿、杠幅、鐵之形。說文一上丨部訓中為和(註20)，乃其引申義。此則用為作器者之名。「中」作之器，有中鉦(三代.十八.五)，中作且癸鼎(三代.三.二三)，中盉(青五)、中父辛爵(三代.十六.十八)、作妣己觶(續殷下.六三)、平父丁卣(三代.十三.二六)於是時，當亦望族歟？

四、註：

1. 參見侯馬盟書二九九頁。
2. 參見古錢大辭典上編一八三頁。
3. 參見陶文編一、四。
4. 參見古籀補三頁。
5. 參見扶風齊家村器群銘文滙釋五頁。
6. 參見刻詞九九頁父丁盉。
7. 參見字例三篇五六一五七頁。
8. 參見文源。
9. 參見古籀補補卷七，二頁。
10. 參見古籀篇二十七第二頁。
11. 參見刻詞九九頁父丁盉。
12. 參見字例二篇二五七頁。
13. 參見兩攷一六七頁中子化盤。

14. 參見古籀篇二十七第三一四頁。

15 殷契粹編一二一八片作[glyph]，正其註腳。

16. 參見文字記四〇｜四一頁。

17. 史籀篇疏證車字條下言企中且解乃形譌。

18. 參見古文釋形考述一一五頁。

19. 參見吉文卷四、二六頁。

20. 鈕樹玉校錄云和也。集韻，類篇，韻會引同。萬廉山云：當作內也。段氏因之。又云：宋本作內也。一本作而也。

一、銘文：

379 [glyph]爵

379

二、隸定：

輪

三、考釋：

此乃輪氏或名輪者所作之器。詳見本書二九[glyph]鼎考釋。

一、銘文：

380—381 [glyph]爵、[glyph]爵

二、隸定：

380

381

[illegible]

三、考釋：

二爵銘文獨存，高田忠周言為瓚(註1)之象形古文，口以象盤，∨象其流(註2)。未知何據？字不可識，从闕。二銘上所从，一作「人」，一作「∧」，略異。

四、註：

1.說文一上玉部云：「瓚，三玉二石也。从玉贊聲。」又周禮玉人注：「瓚如盤，其柄用圭，有流前注。」高田氏言其象形，乃據周禮玉人注而言，唯於此字無徵。

2.參見古籀篇七第四頁。

一、銘文：

382 [illegible]爵

二、隸定：

382

亞矦

三、考釋：

此爵乃亞矦所作之禮器。詳見本書四〇亞矦鼎考釋。唯此亞矦

二字合文。

383 ⿰卜光爵

一、銘文：

383

二、隸定：

⿰卜光

三、考釋：

是銘僅一見，所从之「⿰卜光」，與本書四七器父乙⿰卜光鼎之「⿰卜光」

同，字从光从卜，未識，从闕。

384 鳶爵一

一、銘文：

384

二、隸定：

鳶

三、考釋：

此爵乃鳶方或鳶氏所作之禮器，詳見本書三一〇鳶觚考釋。

四、著錄：

1. 巖窟上、三三

2. 鄴羽三上、四六.

385 鳶爵二

一、銘文：

385

二、隸定：

鳶

三、考釋：

此爵乃鳶方或鳶氏所作之禮器，詳見本書三一〇鳶觚考釋。

四、著錄：

1. 巖窟上、三四.

2. 鄴羽三上、四七.

一、銘文：

386 [illegible]爵

386

二、隸定：

[illegible]

三、考釋：

是銘僅一見，李孝定釋作「购」字(註)。銘或从貝从句从収作「[illegible]」，說文所無，未審其義。此用為作器者之名。

四、註：

1、參見金詁附錄(二)一一七二頁。

一、銘文：

387 [illegible]爵

387

二、隸定：

[illegible]

三、考釋：

此字他器銘未見，从口从川，字不可識，从闕。

一、銘文：

388 ⿱宀目爵

388

二、隸定：

⿱宀目

三、考釋：

此銘从宀从目。宀字宋人釋舉[註1]，清、阮元[註2]、徐同柏[註3]從其說，吳榮光釋為懸弓形[註4]。方濬益言為「[古文字]」之湝文，象覆爵形[註5]。吳大澂謂乃「入」之古文[註6]。李孝定疑其象器蓋或車軏之形[註7]。唯劉心源釋「宀」，取廟室之義[註8]。考小篆宀作宀，甲文作宀〈乙、八八九六〉、宀〈新、四三四五〉形，金文偏旁从宀者，見伯家父鬲之宀〈三代、五、三十〉，公父宅匜之宀〈三代、十七、三八〉，頌鼎之宀〈三代、四、三九〉形，宀形與是銘相近。蓋象屋之側視形，說文七下宀部訓為交覆深屋之狀，未允。字从宀从目，隸定為「⿱宀目」，說文所無。

又一文甲文作⿱宀目〈菁、四、一〉形，高田忠周釋作宧[註9]。郭沫若釋作⿷匚目[註10]。馬叙倫釋作面[註11]。魯實先先生以為宦字[註12]。而孫海波言目、臣同意[註13]。李孝定言目、臣各有專字[註14]。宀，古文或作∩，然目、臣二字於甲骨、金文本是有別，一作橫，一作縱，當釋為「⿱宀目」，與本銘或同。此則用為人名或氏族之稱。

四、註：

1. 參見薛尚功、款識卷三、八頁辛父舉卣。

2. 參見積古卷一、三十三頁舉父己卣云：「飲酒謂之舉。」

3. 參見从古卷十四、二十七頁商祖丙觶云：「象叉手形。」

4. 參見筠清卷一第二十九頁商父己舉。

5. 參見綴遺卷二十三、二十五頁覆爵祖丙觶。

6 參見愙齋二十三冊八頁入字形爵。

7. 參見金詁附錄(一)六二五頁。

8. 參見奇觚卷十八、六頁六觶；卷六，十七頁祖丙觶。

9. 參見古籀篇卷四十七第四頁。

10. 參見卜通八六頁。

11. 參見六書疏證卷十七第二七頁。

12. 參見殷契新詮之四第二五－二七頁。

13. 參見文錄九頁二六行。

14. 參見甲文集釋第三、九〇四頁。

一、銘文：

389、共爵

389

二、隸定：

□．

三、考釋：

銘僅一見，似二人相背之形，疑為「北」之異構。此用為人名或族稱。

390.

一、銘文：

□爵

390

二、隸定：

⿰弓章．

三、考釋：

此爵為⿰弓章氏或名⿰弓童者所作之禮器，詳見本書三五□鼎考釋。

391.

一、銘文：

□爵

391

二、隸定：

⿱竹亞、

三、考釋：

此銘从亞从竹，未識，从闕。

392、⿰矢宁爵

一、銘文：

392

二、隸定：

⿰矢宁、

三、考釋：

此銘又見□鼎（續殷上九）、□爵（劍古上三一）、□觚（柯十三）、□父丁簋（續殷上三八）諸器，皆同一氏族或同一人所作之器。方濬益釋「宁矢」（註1），高田忠周釋「韇」（註2）。按字乃矢宁合文，或从矢宁聲（註3）。說文所無，本義未詳。此乃作器者之名。

四、註：

1. 參見綴遺卷六、十三頁宁矢父丁𣪕。
2. 參見古籀篇五十九第十三頁。
3. 參見金詁附錄(一)五七一頁、李孝定說。

一、銘文：

393. ▆爵

393

二、隸定：

鈎

三、考釋：

此銘他器未見。窺其形制，似象兵刃器形，疑為說文訓曲鈎之「鈎」之象形。然未敢遽定，从闕。

一、銘文：

394 光爵

394

二、隸定：

光、

三、考釋：

光从火在人上，取光明意。此用為作器者之名或族稱。

四、著錄：

1. 巖窟、上、二六

395 弜爵

一、銘文：

395

二、隸定：

弜

三、考釋：

甲骨卜辭弜作□（後上·十九·九）、□（拾·十·六）、□（甑·三·七）、□（藏·九六·一）形，金文則作□（亞弜簋 三代·六·九）、□（亞弜爵 三代·十五·三三）、□（亞弜鼎 三代·二·十四）、□（亞弜尊 三代·十一·四）、□（辟簋 三代·六·五二）、□（弜父乙爵 三代·十六·五）、□（弜父丁觶 三代·十四·五一）形。諸家訓解不一，羅振玉釋弜，疑為弼之古文（註1）。王襄釋从（註2）。葉玉森始釋乞，後推本羅說，言卜辭段弜為必（註3）。張宗勤釋弜，讀為弗（註4）。李學勤則釋斯（註5）。魯實先先生釋比，其義有二，一為庀之初文，一為方名（註6）。王國維則謂弜為柲之本字，既夕禮：「有柲」，注：「柲，弓檠，弛則縛之於弓裏，備損傷。」柲所以輔弓，形略如弓，故从二弓，其音當讀弼，或作柲，同音假借也。弜之本義為弓檠，引申之為輔，為重，又引申之為彊（註7）。丁山則以弜、比二字古文形近易譌，聲亦相近（註8）。李孝定折衷眾說，以「从」、「比」均從二人相从比取義。而「弜」明从二弓，不从二人，故王、魯之說可商。釋斯之說，字形懸隔殊甚，勿庸置辯。而羅、王二氏之說可从，其音則讀為「弗」，於諸辭並可通讀，實則弗之初義為矯矢，弜之初誼為輔弓，其事類相近，其音讀適亦相同（註9）。字於甲文、金文皆象二弓之形，釋弜為是。說文十二下弜部云：「弜，彊也，重也。从二弓。闕。」其本義，王國維以弓檠說之，李孝定以輔弓說之，可从。唯其音讀，說文則闕；或讀為弗；或謂當如弼；段注讀如強。若卜辭：「弜用牝」（外．六．七），「弜乎射」（粹．一三○），「王弜田，其雨」（粹．九九九），「庚申卜，王弜獲羌」（外．三六○），「乙丑卜，弜獲征羌」（藏．一二．三），讀「弗」可通讀。唯用為方名之「口亥卜王貞：弜弗其氐宮眔奠，四月」（續存下．四五八），「勿取弜」（鄴羽下．四二．九），「弗章弜」（金璋．七三九），弗、弜並舉，則不知其可，或可从王氏之說，讀如弼。字於彝銘中除肄簋（三代．六．五二）之「弜師」是人名或官名外，皆為氏族名（註10）。或云：「弜似是官名，尚書大傳：古者天子左曰輔，右曰弼。可正而不正，責之輔；可揚而不揚，責之弼。」（註11）茲錄其說，聊備一參。本銘之「弜」，乃弜方或弜氏所作之禮器。

四、註：

1. 參見增考中四十三頁下。
2. 參見簠考天象七頁下。
3. 參見前釋四卷六—七頁上。
4. 參見弜弗通用攷，載燕京學報二十八卷五八—六九頁。
5. 參見摭佚續編考釋四三—四五頁。

6 參見殷契新詮之一，一－十六頁；又見轉注釋義言「字從二人屈體相匯，以示夫妻耦合」，故釋比．

7 參見集林六卷十三下－十四頁上釋弜．

8 參見朱芳圃、文字編十二卷十頁下三三字條下引．

9. 參見甲文集釋第十二、三八五二－三八五四頁。

10. 參見唐蘭、弓形器（銅弓柲）用途考，載考古一九七三年第三期一八。頁．

11. 方濬益、綴遺卷六、十四頁亞弓父癸敢及吳大澂、古籀補附錄二十二頁，皆以弜示偃武之義，旌武功也。馬叙倫、刻詞二三－二四頁亞尊則以弜示置器者以造弜為業。此說則為柯昌濟、韡華戊上、二頁上亞弜尊所說。

一 銘文：

396. 古爵

396

二 隸定：

冊

三 考釋：

本銘于氏自隸為「古」字。然字从中从口，實為「冊」字，冊本象方盾之形。銘與吉父己盉（三代十四五），父己簋（錄遺一四七）之「吉」形同，唯中一實一虛耳。此殆為作器者之名或族稱。

一、銘文：

397 旬爵

397

二、隸定：

昫

三、考釋：

甲文有[字形]（前四.二八.三）、[字形]（前六.三三.一）、[字形]（後下.三四.五）形，羅振玉釋珍（註1）。郭沫若釋蠵（註2）。柯昌濟疑為包字（註3）。唐蘭（註4）、丁山（註5）則釋為昫。審其形體，當為昫字。玉篇：「昫，稟給。」王仁煦、切韻：「昫，稟給。又貨贖。」（掇瑣本）故丁山補正說文曰：「[字形]，賙也。从貝ㄐ聲。昫，古文旬。賕，或从求聲。」（註6）字於卜辭用為人名，若（前四.二八.三）：「癸丑卜旁貞：叀昫令。」（後下.三四.五）「貞乎昫眔內入御事」是也。本銘亦為「昫」所作之器。或言嬰氏所作（註7），未允。

四、註：

1. 參見增考中四十一頁上。
2. 參見粹考二〇〇一二〇四頁下。

3. 參見補釋；又甲文集釋第六、二一五九－二一六〇頁。

4. 參見天壤文釋十頁上。

5 參見氏族及其制度一〇九頁。

6 參見氏族及其制度一〇九頁。

7. 參見王永誠、先考五七六頁。

398 匿爵

一、銘文：

398

二、隸定：

匿

三、考釋：

此爵乃匿方或匿氏所作之器，詳見本書二八二匿斝考釋。

399 羊爵

一、銘文：

399

二、隸定：

⿱羊羊。

三、考釋：

⿱羊羊字甲文作⿱羊羊（餘·六·一）形，彝銘又見⿱羊羊鼎（三代·二·十三）銘，李孝定釋羴，从二、三、四羊則不拘，蓋从多羊會意（註一）。魯實先先生則以凡複文構字而其音義無殊者，皆古方名複體之遺制。通考古之方名，必兼姓氏，蓋以姓氏著於旂常，載之銘識，以示其為國族標幟，易於省辨，故有以繁文構字之例。其以⿱羊羊為方名者，如云：「貞令𡍬⿱羊羊𠂤医」（乙·五七四四），「貞勿令𡍬⿱羊羊歸」（乙·四五三一）是也。以羊為方名，故卜人有羊氏，如云：「⊠羊貞僔弗其氏」（京津·九九九）是也。卜人羊氏，字亦複作⿱羊羊或⿱羊羊，如云：「癸酉卜⿱羊羊貞翌甲戌彡酌⿱夂吕自上甲衣口于多后」（通纂別錄二·九·二），「庚戌卜⿱羊羊貞翌辛亥彡酌⊠旬自上甲衣口于⊠」（續存·上·一四八三），「丁亥卜⿱羊羊貞王⿱宀正叙亾尤」（續·一·二〇·二），「口子卜⿱羊羊貞王⿱宀正叙亾咎」（續存·一五五），「口巳卜⿱羊羊口⿱宀正口禰口咎」（鐵·一九二·一），「⊠卜⿱羊羊貞口⿱宀正亾咎」（前·六·三三·六），「乙巳卜⿱羊羊貞今夕亾咎」（明氏·一九九），「⊠卜⿱羊羊口王口亾口」（後·下·三六·三）是也。彝器有羊鼎（三代·二·二），羊父庚鼎（三代·二·二六），羊庚甗（三代·五·十二），羊彝（三代·六·二），羊作父乙卣（三代·十三·二三），羊父辛觶（三代·十四·四六），羊爵（三代·十五·三一四），羊戣（巖窟·下·二五），羊戈（巖窟·下·一七），⿱羊羊鼎（三代·二·十三），凡此皆羊方或羊氏所作之器（註二）。此爵亦羊方或羊氏所作之器。

四、註：

1. 參見甲文集釋第四、一三四九頁。

2. 參見說文正補牲字條下五八頁。

400 皀爵

一、銘文：

400

二、隸定：

皀

三、考釋：

此銘他器未見，字不可識，闕。

401 ⿱示皿爵

一、銘文：

401

二、隸定：

⿱示皿

三、考釋：

此銘从示从皿，示字甲文作丅（藏.十.四）、丅（拾.一.八）、示（前.一.三八.二）形，本銘與甲文同作「T」，隸作「盂」，說文所無，本義未詳，蓋作器者之名或氏族之稱。

402 [匕皿]爵

一、銘文：

402

二、隸定：

[匕皿]、

三、考釋：

此銘他器未見，从皿从匕。匕字甲文作[glyph]〈藏一九四·三〉、[glyph]〈餘十·二〉、[glyph]〈菁十·十七〉形，彝銘作[glyph]〈我鼎 三代四·二一〉形。說文八上匕部云：「匕，相與比敘也。从反人。匕亦所目用比取飯，一名柶。」即今之湯匙、調羹之類耳；乃古人取飯載牲之具。銘象匕置皿中形，隸作「[匕皿]」，殆亦「匕」之異構。此用為作器人名或氏族之稱。

403 [兔文]爵

一、銘文：

403

二、隸定：

駇

三、考釋：

此爵乃駇方或駇氏所作之器。詳見本書三一三爵瓜考釋。

一、銘文：

404. 𡧊爵

404

二、隸定：

㲌

三、考釋：

此銘「𡧊」字，疑从元从攴，作父戊卣（錄：十三：二四）之「元」作𡧊形，唐蘭曰：「元本作𡧊，元，首也。」（註1）本銘象手執丨一棍或棒一從背偷襲人之元首狀。㲌字說文無，本義未詳，於此用為作器人名或族稱。

四、註：

1. 參見導論下編四六頁。

405—406 女爵一—二

一、銘文：

405

406

二、隸定：

女

三、考釋：

女本象人長跽，兩手交斂，髮上固笄之形。此乃女方或女氏所作之器。世本云：「天皇封弟瑀於女水陽，後為天子，因稱女皇，其後為女氏。」司馬貞補三皇本紀謂神農母曰「女登」，屈原、離騷有「女嬃」，是古有女方或女族之證。

407 甶爵

一、銘文：

407

二、隸定：

甶

三、考釋：

此銘又見甲文作甶（乙、七七）、甶（乙、一七二三）、甶（乙、二二〇九）形，彝銘則止此一見。陳夢家疑即說文訓稷也之「齋」（註1）。魯實先先生云：「𥡴於卜辭作畓，字蓋从田、余省聲。」（註2）李孝定則疑為「町」字（註3）。審甲文丁字作口（拾.十四.三）、○（前.一.三三.三）、□（前.一.三三.四）、○（前.六.八.七）、▼（後下.六.二）形，彝銘作●（戊寅鼎 三代.二.三七）、▬（且丁尊 三代.十一.十三）、▬（國差罎 三代.十八.十七）、⊙（冉且丁尊 三代.十一.十八）形，未見有作◆者，李氏釋「町」未允，陳說則亦無徵，魯說尚待求證。此為方名或氏族之稱。

四、註：

1. 參見綜述五二八頁；又張哲、釋枲二頁，云：「畓（乙七七）釋作齊或稷，尚待求證。」

2. 參見轉注釋義五二頁。

3. 參見金詁附錄(二)一一二三頁。

408 㐬爵

一、銘文：

408

二、隸定：

太

三、考釋：

甲骨卜辭有㐬（屯乙.六八九）、㐬（佚.九五四）、㐬（京都 三○九九）形，金文㐬簋（三代.六.三九）、子作父癸𣪘(愙齋十三下)作[字形]形，古鉥作[字形]，古匋作[字形](註1)，周封泥作[字形](註2)，漢金文作[字形](註3)，石刻作[字形](註4)形。吳大澂釋作「子」(註5)。馬叙倫釋為「夏」之省(註6)。唐蘭(註7)、容庚(註8)、郭沫若(註9)、高鴻縉(註10)、李孝定(註11)皆釋為「亢」字。吳麥雲(註12)、嚴一萍(註13)、王獻唐(註14)則釋作「太」。當以釋太為允。大、太本係一字，象人四肢侈張站立之形，故說文十一上二水部泰字條下段注云：「後世凡言大而以為形容未盡，則作太，如大宰俗作太宰，大子俗作太子，周大王俗作太王是也。謂太即說文夳字，夳即泰，則又用泰為太，展轉貤繆，莫能諟正。」故風俗通云：「大者，太也。」(註15)詩大雅桑柔：「大風有隧」，爾雅釋天作「泰風有隧」，太乃泰之古文也。其後大、太義分，為免生淆擾，故增一橫畫以別之耳(註16)。此則太方或太氏所作之器。

四、註：

1. 參見古籀補十一，六三頁；又古匋文孴錄卷十一，一頁下；陶文編卷十一、七五頁。
2. 參見臨淄封泥冊二。
3. 參見金文續編十一、四。
4. 參見石刻篆文編十一、一五下楊震碑額。
5. 參見愙齋第十二冊，三頁下子作父癸𣪘。
6. 參見刻詞一二三—一二四頁父癸彝。

7. 參見作冊令尊及作冊令彝銘考釋二六頁；又尊論下編廿一頁。

8. 參見善圖、三七頁釋令尊：「明公錫亢師鬯金、牛」下。

9. 參見餘釋之餘二四三頁、釋亢黃；又兩攷五七－五八頁趞鼎。

10. 參見字例三篇十一頁。

11. 參見金詁附錄(四)二一七八頁。

12. 參見小學說太字條。

13. 參見釋太，載中國文字第四期一－三頁。

14. 參見臨淄封泥文字目錄一頁。

15. 參見太平御覽廿七引。

16. 參見古文釋形考述八七六－八八二頁。

一、銘文：

409 ⿱子舟爵

409

二、隸定：

⿱倗舟

三、考釋：

銘作「⿱子舟」字，李孝定言字从子而臂有文飾，下似从舟(註1)。然甲文「子」字作⿰[字形]（前、三．四．一），作[字形]（藏、一七三．二）形，彝銘作[字形]（子父庚爵）（錄十六．十六）、[字形]

宁鼎(三代四.二)形，一象幼兒頭上有髮及兩脛之形；一象幼兒襁褓，兩手揮舞之形，蓋與本銘作兩手下垂狀形殊。由知本銘非从子，乃象人側立，雙手垂伸，有物在手上之形，隸作「倗」字。下从「工」者，與甲文之H(戩四.七)，伯旂舟鼎(三代三.二十)之H形同，即說文八下舟部訓「船也」之「舟」字，全銘疑為「僻」字，乃「倗」之繁文也。此蓋僻方或僻氏所作之器。

四、註：

1.參見金詁附錄(二)一一七四頁。

410 朿爵

一、銘文：

410

二、隸定：

朿

三、考釋：

此銘疑為「來」之異構。甲文「來」作来(藏.二四.二)，㫚鼎作来(三代四.四五)，小篆作朿，古匋文作來，空首幣作来，魏三體石經作逨來来形(註1)，皆與此銘形近。彝銘別有从朿之𡛷(季宮父簠 三代十.十七)、𡛷(𡎝王盉 三代十四.九)，上文李孝定釋「姊」(註2)；下文潘祖蔭釋「姓」(註3)，高田忠周釋「婞」(註4)，周孟伯釋「㛃」(註5)，李孝定釋「姚」(註6)，則此當以釋「朿」為是。龍龕手鑑言「朿」與「朿」同，或有未允。

四、註：

1. 參見張哲、釋來麥釐，載中國文字七冊二一四頁。
2. 參見金詁附錄(四)二二九三頁。
3. 參見攈古一冊四九頁𢻱王盉。
4. 參見古籀篇三十八第三四一三五頁。
5. 參見攈古一冊四九頁𢻱王盉引、
6. 參見金詁附錄(四)二二九六頁。

411 𣄚爵

一、銘文：

411

二、隸定：

𣄚

三、考釋：

是銘从刀从𠂤从㫃，或是「旅」字繁文，惟單文隻字，誠難定奪，存疑待考。

412 亞中子爵

一、銘文：

412

二、隸定：

亞子

三、考釋：

此銘為亞形中著一「子」字，亞形中字，大氏為氏族徽號或人名，本爵為子氏或名子者所作之禮器。

413 [illegible]爵

一、銘文：

413

二、隸定：

⿰孚又

三、考釋：

此銘「[illegible]」字，象雙手持子之形，疑與過伯簋（三代六·四七）作「[illegible]」者同，即「孚」之緐文。容庚謂孚象兩手取物（註一）。吳大澂言孚象兩手執貝相授受形（註二）。林義光謂「孚」象爪持子，即「俘」之古文(註3)。林氏之說，於形殆是。說文三下爪部云：「孚，卵即孚也。从爪子。」又八上人部云：「俘，軍所獲也。从人孚聲。春秋傳曰：以為俘馘。」則「孚」蓋「俘」之本字，象爪子之形，「俘」乃後起形聲字，从人孚聲。此銘从二爪，當與从一爪者同，蓋為名「[孚又]」或「[孚又]」氏所作之器。

四、註：

1. 參見金文編卷三、一一七
2. 參見古籀補四十七頁；又八十三頁。
3. 參見文源。

414

一、銘文：

414 爵

二、隸定：

[冬/刀]

三、考釋：

此銘諸家無說，考甲文冬作(菁六·一)、(福三·二)、(粹九四)形，金文頌鼎作(三代四·三九)，頌簋作(三代九·三八)形。此銘上或从冬，下从刀作「[冬/刀]」，說文所無，本義未詳，於此用為作器人名或族稱。

一、銘文：

415

二、隸定：

貯爵

三、考釋：

此銘甲文作㝉（藏二七三、一）、𡧍（拾九、十六）、㝉（前四、二三）、㝉（後下十八、八）形，金文作㝉（貯爵 三代十八、七）、㝉（洮子盨 三代九、三八）、賓（頌鼎 三代四、三九）、賓（格伯簋 三代九、十四）形。羅振玉曰：「象內貝於宁中形，或貝在宁下，與許書作貯，貝在宁旁意同。又宁、貯古為一字，說文于宁訓辨積物；貯訓積，初亦非有二義也。」（註1）商承祚（註2）、高鴻縉（註3）說同。唯郭氏駁之，並言宁本「鹵」之初字，貯若賓，乃以宁為聲，則此㝉字直是「鹵」字之異（註4），鹵上作貝文而已（註5）。說文六下貝部云：「貯，積也。从貝宁聲。」段注：「此與宁音義皆同。」考說文十四下宁部云：「宁，辨積物也。象形。」段注：「其旁有禦，其下有阯，其上有顛，辨積之形也。」今據許書知宁、貯古為一字。又考甲文、金文有㝉形者，正象「宁中貯貝之形」（註6），故知羅說可从。古者貨貝而寶龜，周而有泉，至秦廢貝行泉（註7）。廣雅、釋詁云：「貝，貨也。」書大傳、大貝注：「貝，古以為貨。」易震卦：「億喪貝于」，注：「貝，寶貨也。」故金文所載多貝朋之賜，若：「矦錫中貝三朋」（中作且癸鼎 三代三.二三），「口子錫𡖣貝廿朋」（𡖣簋 三代.七.二八），「王錫小臣邑貝十朋」（小臣邑斝 三代十三.五三），「王錫公貝五十朋」（效尊 三代十一.三七），「周公錫小臣單貝十朋」（小臣單觶 三代十四.五五）是也。故字象藏貝宁中，引申有貯積之義。郭氏以卣之異構釋之，雖貝可以為飾，詩有明證，如魯頌、閟宮：「貝冑朱綅」，小雅、巷伯：「成是貝錦」，此蓋貝之另一用途耳。今即銘文字形揆之，終不如釋作「貯」之通達縝密。綜上所論，郭說恐不然矣。此銘乃作器者名（註8），而其形構與甲文相近，此為貯方或貯氏所作之器。

四、註：

1. 參見增考中十二頁下.
2. 參見十二貯.三頁貯鏡.
3. 參見字例二篇二〇四頁.
4 按：郭氏謂卣乃盾之象形字.
5. 參見金攷二〇一頁金文餘釋、釋干卤.
6. 參見甲文集釋第十四、四一六四頁.
7. 參見說文六下貝部貝字下段注.
8 參見前釋四卷四頁上，蓋以貯為官名.

416. 執爵

一、銘文：

416

二、隸定：

[illegible]

三、考釋：

此銘于氏自隸為「執」(註1)。李孝定曰：「从㘝从幸从卩，與執同，字不可識。」(註2)考甲文執作[illegible](前八、八、二)形，金文作[illegible](兮甲盤 三代十七、二十)形，象捕繫辠人，兩手加梏之形(註3)。是銘从幸从㘝，下與[illegible]爵(錄遺三八三)所从者同，當與「執」字形殊，于氏所隸恐未允，字不可識，闕。

四、著錄：

1. 鄴羽二上、二七。

五、註：

1. 參見錄遺目錄十五頁。
2. 參見金詁附錄(二)一〇三九頁。
3. 參見甲文集釋第十、三二二九頁。

417. 㗊爵

一、銘文：

二、隸定

417

正

三、考釋：

此爵為正方或正氏所作之器。詳見本書二一、⿴鼎考釋。

一、銘文：

418 父己爵

418

二、隸定：

父己。

三、考釋：

爵銘大氏為其祖妣父母而作，此銘「父己」者，乃其子為「父己」所作之禮器。

一、銘文：

419 户𡚁爵

419

二、隸定：

户姦

三、考釋：

此器銘作「户姦」二字，户字契文作□（後下三六·三）、□（乙四八一〇）形，辭云：「岳于三户」（後下二二），似為地名。說文十二上户部云：「户，護也。半門曰户。象形。㦾，古文户从木。」契文正象半門之形。金文「肁」、「門」二字所从之「户」亦作□，此户或亦國族之名。左文「姦」字，又見長甶盉（錄遺二九三）作□。說文十二下女部云：「姦，私也。从三女。」此象三女相从之形。易、睽卦曰：「二女同居，其志不相行。」又革卦曰：「二女同居，其志不相得。」況三女乎？本銘字从三女，故有私誼在焉。此則人名。

420 守戈爵

一、銘文：

420

二、隸定：

守戈

三、考釋：

此守方或守氏名戈者所作之禮器。

一、銘文：

421—422 車買爵一—二

421

422

二、隸定：

車買

三、考釋：

此二器銘文與本書一九〇買車尊、二四二買車卣器銘對乙，或係同一人所作器，若「子龏」（子龏鼎〈錄遺·三七〉）、「龏子」（龏子殷〈錄遺·一三〉）之例是也。殆車方或車氏名買者所作之禮器。

一、銘文：

423 戈叀爵

423

二、隸定：

戈叀

三、考釋：

「叀」字又見甲文作□〈菁十、八〉、□〈甲一、八四〉、□〈拾、六、三〉、□〈拾、二、八〉、□〈拾三五〉形，金文作□仲叀父簋〈三代八、六〉、□𢐗比盨〈三代十、四五〉形，或益繁作□叀卣〈三代十三、二四〉、□录伯簋〈三代九、二七〉形，諸家訓解，紛歧不一。郭沫若謂「叀」當為象形，乃「𢧵」之古字。觀其形制，亦上有文飾而下有蹲，花紋與鹵同。大盾為鹵，中盾為叀，小盾為干（註1）。馬叙倫言為穿牛鼻之「穿」本字，圖畫性之叀，本畫一牛桊貫其鼻而有縻，牽字所从之□即叀也（註2）。高鴻縉則引徐灝說，以叀即古專字，專亦曰紡專，所以收絲，其制以瓦為之，□象紡專之形，上下有物貫之（註3）。朱芳圃言叀即「𡬠」之初文。𡬠為竹器之圓者，↓象糸，○象腹，凵象座，十象織文，□□當為一字（註4）。王獻唐亦以叀當為「專」之初文，塼為後起字。字本象線錘形，上作↓為絲繫，中作⊕為線穗，下作凵為線錘。金文通假作惠（註5）。徐、高、王三氏之說是。字蓋象紡專之形，於此則用為人名。乃戈方或戈方名叀者所作之禮器。

1、參見金文攷二二六－二二七頁釋叀

2、參見刻詞一二八頁父戊卣蓋．

3、參見字例二篇一六一－一六二頁．

4、參見釋叢八十二－八十五頁叀．

5、參見說揵線，載中國文字三十四冊四－一一頁．

424 ✦䢖爵

一、銘文：

424

二、隸定：

✦ 輔．

三、考釋：

「✦」字或以為象鐙（一主）四照形，乃古文「主」〔註1〕，或釋「丁」〔註2〕，未允。未識何字，故闕。下文疑為「輔」字，考甲文「執」、「圉」二字所从之「㚔」有作[illegible]形者，若[illegible]（鐵．十六二）、[illegible]（甲編二四一五）、[illegible]（珠三二六）、[illegible]（古二．六）、[illegible]（乙．一九三五）形，此銘作[illegible]，與甲文正契合，右作箙內一矢形，為「葡」字之初文。此蓋✦方或✦氏名輔者所作之禮器。又本書一二四[illegible]父乙毀之「[illegible]」字，或係「✦輔」二字合文，當同一人所作之器。

四、註：

1、參見徐同柏、从古卷九、三頁商父甲盉。

2、參見吳式芬、攈古一之三，三十三頁。

425 子蝠爵

一、銘文：

425

二、隸定：

子蝠

三、考釋：

此器銘與西清古鑑所錄觚盉各器釋蝠之字同形。葉玉森謂：「此字象飛鳥翼上有鉤爪，古文象形。」(註1) 說文十三上虫部云：「蝠，蝙蝠，服翼。从虫畐聲。」以其乃後起形聲字，必有初文可求，此乃象蝙蝠之形。爾雅、釋鳥：「蝙蝠，服翼。」於此用為人名，乃子方或子方名蝠者所作之禮器。同銘者又見三代、十五、二九子蝠形爵。

四、註：

1、參見朱氏、文字編十三卷二頁下引。

426 冂龍爵

一、銘文：

426

二、隸定：

冂龍。

三、考釋：

「冂」即說文五下冂部謂象遠介之「冂」，於此為方名或氏族之稱。此乃冂方或冂氏名龍者所作之禮器。

427 丁朋爵

一、銘文：

427

二、隸定：

丁㸚。

三、考釋：

丁㸚者，蓋作器者之名。「㸚」象雙手各持一物相向之形，未識何字，此用為人稱。乃丁氏或丁方名㸚者所作之禮器。

一、銘文：

428 亞中女方爵

428

二、隸定：

亞女方．

三、考釋：

此器係陽識，亞中著「女」字。「方」字見於甲骨、金文作□（藏·十·三）、□（藏·三二·四）、□（拾·四·三）、□（前·一·三·一）、□（前·七·三六·一）、□（戩·二六·四）、□戍甬鼎（三代·四·七）、□曾伯簠（三代·十·二六）、□召卣（三代·十三·四二）、□番生簋（三代·九·三七）形。林義光以方即丙之變形，方、丙同音，本與丙同字，邊際也（註1）。徐中舒言方象耒之形製，上短橫，象柄首橫木，下長橫，即足所蹈履處，旁兩短畫或即飾文。小篆方作□，即其遺形，當訓為一番土謂之坺之坺，初無方圓之意（註2）。葉玉森則謂象架上懸刀形（註3）。殷人稱國曰方（註4）。高鴻縉則云方即旁，象託刀依架旁之形，以寄旁邊之意（註5）。朱芳圃乃以方為枋，若柄之初文，从刀，一指握持之處。方為初文，指事。枋、柄皆後起字，形聲（註6）。魏建功以冂為藏兵具，从刀，文似戈兵，疑刀字，方為植戈於冂也，冂防次之本字（註7）。說文八下方部云：「方，併船也。象兩舟省頭形。汸，方或从水。」皆與契、金文之形構相近。按字當从人从冂，會意，方國是其本義，甲、金文之方，多為方國之名。此亞中之「女」字，蓋作禮器者之名或氏族之稱，「方」則是人名。

四、註：

1. 參見文源。
2. 參見耒耜考，一七－一八頁。
3. 參見說契三頁十行。
4. 參見前釋一卷三二頁。
5. 參見字例二篇三〇七－三〇八頁
6. 參見釋叢一五九－一六〇頁。
7. 參見釋午，載輔仁學誌二卷一期二三－二四頁。

429 冊[illegible]爵

一、銘文：

429

二、隸定：

冊[illegible]。

三、考釋：

此器銘文二字，上為「冊」字。卜辭冊字作冊〈藏一一．三〉冊〈藏二五．二〉冊〈前五．三九．三〉冊〈後下．五．二〉冊〈甲二．三．十六〉冊〈甲二．二四．六〉形，金文作冊㭨父庚尊（三代.十一.十五）　中 秉中鼎（攈一之三.三）　中 秉中觶（三代十四.四八）　中 秉中丁卣（三代十三.五六）　中 中偁癸爵（三代十六.三一）　中 秉中父乙爵（三代十六.三…）

諸形者。說文七上毌部：「毌，穿物持之也。从一橫貫，象寶貨之形。讀若冠。」孫詒讓依說文釋為「毌」（註1）。高田忠周則以「中」字釋之（註2），徐同柏釋「中」為「日」（註3）。吳大澂解「中」為「享」（註4）。朱芳圃則从羅振玉釋「中」為象形「盾」字（註5）。陳夢家以為「甲衣」之「甲」，畫甲當是在革皮上施以漆繪（註6）。而郭沫若踏孫氏之迹，後出轉精，於形為近，其言云：「毌實古干字，特字早廢。許因貫字从此作，故以毌穿義解之耳。蓋干制之最古者為方盾，而有上下兩出。其後圓之，而為上下左右四出。更其後，則於盾上飾以析羽，而以下出為蹲，遂演化為干字之形。入漢而後，羽飾與蹲出俱廢。干字之為象形文，二千年來無人知之矣。又卜辭之毌字，均係國族之名，金文之古者，亦多用為族徽，蓋古有毌國或干國。而其國與周為毗隣，周金之干氏叔子盤之干氏，殆即其後裔矣」（註7）。毌、干演遞之次則列如下表：

象形盾形者 ┬（卜辭）：申中中、申中中、中 ┐
　　　　　 └（金文）：中、中、申、中、中 ┴ ＝
象圓形盾者 —（金文）：ㄨ、ɤ、ɤ、——→ 干

或以契刻為圓筆不易，故卜辭未見象圓形盾者，此器之「毌」亦為族名，蓋即毛詩大雅皇矣所言「串夷」之朔祖。下文从八从止从止，凡八有分別之意，从二止、說文所無。未知何誼？舊或釋八足

跡形（註8），或以為「共」省，不然則「朕」省（註9），或以為「尊字（註10）。其於字形俱有未安，恐非。

五附註：

1、參見名原上廿八頁。

2.參見古籀篇十九第二八－二九頁。

3.參見从古卷五第六頁商日父癸爵釋文。

4.參見窓齋廿二冊六頁父癸爵。

5、按：羅氏說詳遼居乙稿．二六；朱氏則參見釋叢第七頁盾。

6.參見斷代六八頁小臣宅毁。

7.參見金文餘釋二〇一－二一四頁釋干函。

8.參見馬叙倫，刻詞一四八頁遽中觶引。

9.參見馬叙倫，刻詞一四八頁。

10.參見劉心源．奇觚卷十八第八頁遽仲觶。

一、銘文：

430－431子衛爵一－二

430

431

二、隸定：

子衛．

三、考釋：

此二器銘文皆作「子衛」二字，「衛」本象四足圍守城邑之形，乃子方或子氏名衛者所作之禮器。

四、著錄：

1.巖窟上、三一（四三一、子衛爵二）

432 亞犬爵

一、銘文：

432

二、隸定：

亞犬．

三、考釋：

此銘為亞族所作之器，「[glyph]」字與犬形父丙鼎（三代二.二一）、子自卣（三代十三.五七）之「犬」形似，或亦「犬」字。卜辭有犬矦之稱，若：「貞：令多子族从犬矦𡨦周，古王事」（前六.五一.七），「己卯卜允貞：令多子族从犬侯𡨦周，古王事，五月。」（續五.二.二）是也（註），或僅稱犬，若：「貞：令多子族从犬眔畐𦊽，古王事」（通纂五三八），「戊戌貞：令犬征田，若」（通纂別二.文（內藤二））是。銅器別有亞犬鼎（續存上一七），蓋犬矦乃商朝內服之侯亞，于周文獻中，即為「犬夷」，說文二上口部引詩大雅綿：「犬夷吅矣」，「犬夷」即「犬戾」，其地望當今太郘集，距陳留鉼鄉甚近，介於長安、岐陽間(註二)。此爵或亦犬戾所作之禮器。

四、註：

1.參見島邦男、殷虛卜辭研究四二四頁。

2.參見丁山、殷商氏族方國志一一五|一一七頁。

433 [glyph]企爵

一、銘文：

433

二、隸定：

㞋企

三、考釋：

此器銘首作「[glyph]」形者，[glyph]形與甲編二七八片之「[glyph]」形或係一字，从尸从又。說文八上尸部云：「㞋，柔皮也。」廣雅曰：「㞋，弱也。」字在卜辭為人名。尸蓋象人高坐之形(註一)，而此人高坐，手中有物，似从又；㞋下之「■」象所坐之物，與「丁」肖似，姑隸作「㞋」字。銘末作「[glyph]」字，疑與企中且觶(三代十四．四九)之「[glyph]」為一字，隸作「企」，乃止之緐文。李孝定曰：「上象一人坐而執杖，下从止从𠔁，象有人自外至，字不可識。」(註2)李氏殆以一字視之，恐或不然。此爵乃㞋方或㞋氏名企者所作之器。

四、註：

1. 參見甲文集釋第八、二七四五頁。
2. 參見金詁附錄(二)一七七頁。

一、銘文：

434 𠤎妥爵

434

二、隸定：

匕妥䀠。

三、考釋：

此爵銘拓憮成二，下似存一「䀠」字，唯漫漶殘泐耳。上作「𠤎妥」二字，「𠤎」字與篆文之「七」相近，然甲骨、金文七皆作十，其非「七」字無疑；當是「匕」字，即「妣」之初文。此爵乃為「妣妥」所作之禮器。

435 內耳爵

一、銘文：

435

六、隸定：

內耳

三、考釋：

此𣪘銘作「內耳」二字。「內」字見於甲、金文作內〈前四·二八·三〉、內〈甲編·六九〉、冂〈乙·六七五〇〉、冂〈粹·四四〉、內〈井侯𣪘 三代·六·五四〉、內〈揚𣪘 三代·九·二四〉、內〈芮公鼎 三代·三·二四〉、內〈師旂鼎 三代·四·三一〉形，字於卜辭與「丙」字相類，然卜辭「冂」（丙）从入，「冂」（內）从人，微有分別。商承祚云：「（冂）後乃銳其頂作內內，可于金文中見之〈註1〉。至小篆遂變作內形矣。」〈註2〉至於其形義，則說文五下入部云：「內，入也。从冂从入。自外而入也。」高田忠周龔許氏之義，以為「字从冂，冂，覆也。有所覆而自外侵入，其會意可知也。然依金文，字元从宀从入，人入于屋內，此謂內也。故轉為外內之內。」〈註3〉林義光亦以𠆢象屋形，入其中為內象〈註4〉。觀金文內从宀从入，即休盤銘云：「益公右走馬休入門〈三代·十七·十八〉之「入門」本字，由知高、林之說可从。「內」於卜辭為貞人之名，若「辛亥卜冂翌王子攺」〈殷下·一四五〉是也。此器之「內」，或係族名，吳大澂云：「芮，國名。書．秦誓傳：虞芮質厥成；又桑柔序：芮伯刺厲王也。書．旅巢命序：芮伯作旅巢命。傳云：芮伯，周同姓。」〈註5〉其說可从。據此本銘乃芮國名耳者所作之禮器。

四、註：

1. 金文丙皆作[?]內，其人皆上連，若內之人，則不上連，間有寫誤者，百十一耳。

2. 參見福攷二頁上。

3. 參見古籀篇三十第二頁。

4. 參見文源。

5. 參見愙齋十七冊十頁芮公鬲。

一、銘文：

436 子[?]爵

436

二、隸定：

子[?]

三、考釋：

「[?]」未識何字，故闕，此用為人名。此爵乃子方或子氏所作之禮器。

一、銘文：

437 告宁爵

二、隸定：

告宁

三、考釋：

此爵乃告方或告氏名宁者所作之禮器。

437

438

亞中㚐爵

一、銘文：

二、隸定：

亞㚐大

三、考釋：

此爵銘亞中著「㚐」字，乃國號族稱，詳見本書六一亞中㚐鼎考釋。下「大」字象人正面站立之形，或「大」之異構，此用為作器者之名。本銘為㚐氏或㚐方名大者所作之禮器。

439 亞中户爵

一 銘文：

439

二 隸定：

亞户⿲女田又。

三 考釋：

此器與本書四一九户𡚬爵同為户族所作之禮器。然此「户」銘勒於亞形中，為陽識。下文从田从奴，乃陰款，說文所無。疑與集韻所引埤蒼「⿰目共、瞷也」之「⿰田共」字同，奴、共古今字。於此則為作器者之名。此乃户方或户氏名⿲女田又（⿰田共）者所作之禮器。

440 [illegible]◇爵

一 銘文：

440

二 隸定：

偁 ◇

三 考釋：

此爵銘上从倗从舟，乃「倗」字之繁文。「◇」則未識何字。

全銘為倗氏或倗方名◇者所作之禮器。

441. 禹爵

一、銘文：

441

二、隸定：

禹大龔．

三、考釋：

禹為國名或人稱者，又見禹弔盨〈三代十三〉、禹尊〈周五十一〉二器之銘

此禹則用為方名或族稱。器殆為禹方大氏名龔者所作之禮爵。

442 萬庚爵

一、銘文：

442

二、隸定：

萬庚．

三、考釋：

此爵銘稍泐不清，殆作「萬庚」二字。「萬」本象蠍之形，即「蠆」之初文。此萬用為方名或族稱。下文之「庚」，乃有耳可搖之樂器，庚下作「▲」者，即所謂鐏也。本爵殆為萬方或萬氏名庚者所作之禮器。銘又見鄴羽三上。

443 己戊爵

一、銘文：

二、隸定：

己戊。

三、考釋：

己，經傳悉作紀。此為紀方或紀氏名戊者所作之禮器。

444 鄉宁爵

一、銘文：

二、隸定：

鄉宁。

三、考釋：

卿字本象二人相對就食之形(註1)。从皀者，皀字也，乃簋之象形。宁字或言褚禁之象形(註2)，疑有未允。「宁」蓋象辨積物之形。此爵殆為卿方或卿氏名宁者所作之禮器。

四、註：

1. 參見假借遡原二五四頁。
2. 參見先考四六二頁。

445 [illegible]己爵

一、銘文：

445

二、隸定：

虫己

三、考釋：

「[illegible]」字與虫甾鼎(錄遺．六八)之虫作「[illegible]」形近，殆象蝮蛇博首宛身之形，大其首，皆其眼，張其口，疑即說文十三上虫部訓蝮之「虫」，此則用為方名或族稱。全銘乃虫方或虫氏名己者所作之禮器。

一、銘文：

446

二、隸定：

單光。

三、考釋：

單字甲文作單（前七、二六、四）、單（後下、十三、七）、單（菁五、二）形，金文作單（小臣單觶 三代十四、五五）、單（單伯鬲 三代五、四三）、單（單䢅尊 三代十一、三七）形，或言單為星名，Y以象木星，∵以象從星（註1）。朱廷鼎則言單从吅𢆉聲，為古「旂」字，古畫三辰於旂，从吅者，日月星也，从𢆉，旂之竿也（註2）。孔廣居言單，即觶之古文，吅象兩柱，果象腹與足（註3）。林義光謂「單」為「蟬」之古文，象形，∞象雙目，下象腹尾（註4），郭沫若以「單」乃「罕」之初文，罕之制蓋似畢，小网長柄（註5）。朱芳圃則以「單」為「罬」之初文，Y象兩輳，田象罥網，｜象長柄，即今之覆車（註6）。丁山謂「單」即後世之「干」，單、干蓋古今字也，所以扞身蔽目（註7）。魯實先先生則謂吅象其所繫之鈴，中或甲則象其幅及竿，故本義為旂名（註8），中以丁氏之說較允，單、干於字形蓋繁簡之異，二者古音皆在元部，其字義則單有障蔽之義，干為楯，亦以扞身蔽目，其誼不殊，故單、干一字，似無可疑。此則用為方名或氏族之稱。下銘疑从山从北，北象二人相背之形。兆，說文所無，本義未詳，此用為人名。

四、註：

1. 參見古籀篇二十四第三九—四〇頁引。5. 參見金攷三五—三六頁。

2. 參見字義新鏡。6. 參見釋叢第一—二頁。

3. 參見說文疑疑。7. 參見闕義三—八頁。

4. 參見文源。8. 參見殷契新詮之五釋單一九頁。

447 且辛酉爵

一、銘文：

447

二、隸定：

且辛，酉。

三、考釋：

此爵銘末之「酉」，與子酉爵（三代十五・二九）所抱持之酉相近，疑亦「酉」字，乃象酒尊之形。此用為人名。全銘乃酉為且辛所作之器。

448 叔且壬爵

一、銘文：

448

二、隸定：

叔，且壬。

三、考釋：

銘首「叔」字，从矢从又，象以手持矢之形。「且」本象盛牲肉之俎形，乃俎之初文，此用為祖妣之「祖」。「壬」字，甲文作工（鐵三·一）、工（菁九·八）形，金文作工（父壬爵 三代十五·三）、王（無異簋 三代九·一）、壬（湯弔盤 錄遺四九六）形，古鉩作壬，古匋作王，魏石經古文作王，楚繒書作王，悉昉自金文，汗簡作壬，則與篆文合（註1）。說文十四下壬部云：「壬，位北方也。会極昜生，故易曰：龍戰于野。戰者，接也。象人裹妊之形，承亥壬以子，生之敘也。與巫同意。壬承辛，象人脛，脛，任體也。」或有依說文「象人裹妊之形」，而言「壬」為「妊」之古文（註2）。或从大一經，以壬象人脛（註3）。妊為後起形聲字，與壬義無涉，且甲、金文悉不象裹妊之形；而人脛之說，不辨自明。林義光謂壬即縢之古文，機持經者也。象形。縢、壬雙聲旁轉（註4）。郭沫若則言壬即𢀛，工、壬同源而異音，壬即石針之鑱（註5）。葉玉森謂壬象車後横木之軫，或為古象形軫字（註6）。吳其昌統工、士、壬、王為一形，工、士之義皆為斧，則壬之初義，自亦為斧，王殆介于斧與兩刃斧之間，為刑殺之具（註7）。然工、□與壬有別（註8），鑱斧斡木之說，本是無徵。陳書農以工演化為王，再變為王，小篆省之為□，今隸作巨，即規矩之矩，則工者，乃巨之初文，本象矩形（註9）。魯實先先生曰：「壬於彝銘作工𠀀，象擔物之具，而為冘任之初文。」（註10）考甲文「冘」字作□（前七、二一、四）形，金文以「冘」為偏旁者，若「䒣」作□（三代九、三七 番生簋）形，「沈」作□（三代九、三八 沈子簋）形，其冘字皆象人荷擔兩端有物之形（註11），金文「壬」字則「𠀀」直書作「工」，象擔物之具，朱駿聲云：「壬，儋何也。上下物也，中象人儋之，在六書為象形兼指事。古象形字，若舟車、若目馬之類，橫作豎作同也。」（註12）故詩小雅賓之初筵：「有壬有林」，箋：「壬，任也。」國語吳語：「齊簡公任」，古今人表作「壬」，古今人表作「壬」，故魯說可从。

五、註：

1. 參見呂振端・魏三體石經殘字集證一八四頁。
2. 主此說者，有：方濬益、綴遺卷十七、七頁亞形父壬尊；高田忠周古籀篇八第八頁及蔣禮鴻、讀字肊記八八－八七頁。
3. 參見陳邦福十幹形誼箋。
4. 參見文源卷一第二十六頁。高鴻縉說同，參見字例二篇一六三－一六四頁。

5.參見甲研下冊釋干支十七頁上。
6.參見前釋一卷五頁。
7.參見金文名象疏證四九五—四九八頁。
8.參見甲骨集釋第十四、四三〇一頁。
9.參見釋干支（殷契辨疑之一），載學原第二卷第四期五〇頁。
10.參見轉注釋義第十七頁。
11.參見楊樹達甲文說一頁。
12.參見說文通訓定聲臨部第三。十三頁。

一、銘文：

449

449 [illegible]且癸爵

二、隸定：

冎，且癸。

三、考釋：

銘首[illegible]字，疑與甲骨卜辭習覯之[illegible]（藏二、九一）、[illegible]（前四、三九、一）、[illegible]（甲一、七二）、[illegible]（菁一）形同，冎乃「骨」之初文，本象牛肩胛骨之形，从卜者，乃已卜之骨也。卜辭諸辭例悉以「冎」為「禍」，偶作人名用者，若：「小臣冎」（甲編二七八一）、「帚冎」（乙七三四五）、（乙、八六九九）、「冎爯冊𢀛从」（前七六、丁」，「冎貞」〈前、四、九、三〉是也。此銘之冎亦為人名，乃冎為「且癸」所作之酒爵。

450 魚父乙爵

一、銘文：

450

二、隸定：

魚，父乙。

三、考釋：

此爵乃魚方或魚氏為其父乙所作之禮器。

451 戈父丁爵

一、銘文：

451

二、隸定：

戈，父丁。

三、考釋：

同為「戈」族之作器，又見本書四五，三三八，三四三，四二。，四八四，六一·一諸器。而本銘「戈」字，象立戈之形，旁有纓垂，下有鐏座，詳加刻鏤耳。是器為戈方或戈氏為父丁而作之禮器。

一、銘文：

452 □父戊爵

452

二、隸定：

屰，父戊。

三、考釋：

銘首「屰」字，見於甲文作□〈拾十二·十〉、□〈前六·四十〉、□〈乙三九三七〉、□〈佚九九〉形，金文作□（亞屰卣〈三代十三·四三〉）、□（目父癸爵〈三代十六·三三〉）、□（亞中屰父丁爵〈小校六·四五〉）形。阮元（註1）、徐同柏（註2）以倒子訓之，言其不順忽出也。林義光言象逆上之形（註3）。葉玉森謂其牛字（註4）。皆囿於說文，昧其形誼。高田忠周雖釋屰，而言「以干之向上進入而八仅逆之」，則未知何指（註5）。羅振玉謂：「屰為倒人形，示人自外入之狀，與逆同字同意。」（註6）馬叙倫（註7）、嚴一萍（註8）悉从之。蓋「大象人形，故以倒人之形表順屰之屰也。」（註9）「屰」象倒人之形，「逆」則从辵从屰會意，二字本是有別。字於卜辭或為人名，或方國之名，若：「壬午卜屰貞：今夕亡

（一）「𡧊」〈㝬卜十五〉是也。此器亦用為人稱。蓋「𡧊」氏或名「𡧊」者為「父戊」而作之爵器。

四、註：

1. 參見積古卷二、八頁目父癸爵。
2. 參見从古卷八、二十一頁商倒子父癸爵。
3. 參見文源。
4. 參見前釋六卷三十八頁上。
5. 參見古籀篇十六第一七頁。
6. 參見增考中六十六頁下。
7. 參見剢詞七十五頁父癸爵。
8. 參見釋𡧊，載中國文字四頁。
9. 參見小學八十六頁釋𡧊。

453 𡧊父辛爵

一、銘文：

453

二、隸定：

𡧊，父辛。

三、考釋：

銘首「𠦪」字，象人正面倒立之形，與四五二器係同一人所作。此𠦪為「父辛」而作之爵器。

454 父辛永爵

一、銘文：

454

二、隸定：

父辛，永。

三、考釋：

是爵作器者之名「永」置于銘末，與契文作𣲝(藏.九九.一)、𣲝(餘.十六.四)。𠂢(前.一.九.五)、𣲝(前.四.十三.一)、𠂢(甲.一.八.十三)形者同。羅振玉謂：「水之流別之𠂢字，从彳象川之中流，有旁歧彳，象幹流出旁枝，彡則水之象也。或省彡，知𠂢、派本一字，許君分為二，非也。……𠂢字亦見大保敦。」(註一)葉玉森則據孫詒讓釋𠂢為永，而疑增水象者乃繁文，仍當讀永(註二)。說文十一上二水部云：「派，別水也。从水从𠂢，𠂢亦聲。」契文所作與小篆相合。李孝定則以古永、𠂢、派本係一字，殷時已分衍為「永」、「派」二字。況別水多者，其流必長，是其義亦彼此相因（註3）。說文十一下永部云：「永，水長也（小徐本），象水巠理之長也（大徐本）。」十一下𠂢部云：「𠂢，水之衺流也。从反永。」悉不失其本義。或以「永」即潛行水中之「泳」之初文，原从人在水中行，由人彳生意，故託以寄游泳之意，後借為長永（註4）。審彳與人字有別，以釋「永」字為宜。「派」於卜辭為貞人名，故金文亦屢見，殆用為長久之義。字於此乃人名。全銘是言名「永」者為其「父辛」而鑄之酒爵。

四、註：

1. 參見增考中九頁下。
2. 參見前釋一卷七十七頁下。
3. 參見甲文集釋第十一、三三二六頁。
4. 參見字例二篇二七五頁。

455 父辛爵

一、銘文：

455

二、隸定：

褱，父辛。

三、考釋：

此爵殆褱方或褱氏為其父辛所作之禮器。

一、銘文：

456 鬥父癸爵

456

二、隸定：

鬥，父癸。

三、考釋：

銘首「[glyph]」字，象二人手持相對，一跽一蹲之形。李孝定云：「象兩人相嚮，左似从企，右从丮，字不可識。古文人形偏旁，繪手並著指形者，必指手之動作，故此不得釋嚮。」(註1) 竊疑此銘與本書三二二[glyph]鬥觚之「鬥」同。或釋為「鬥」字(註2)，可从，此則用為作器人名或族稱。全銘殆鬥方或鬥氏為「父癸」而作之爵。

四、註：

1. 參見金詁附錄(二)一一七八頁。
2. 參見錄遺目錄十六頁下。

457 四父癸爵

一、銘文：

二、隸定：

囟，父癸。

三、考釋：

銘首「罒」字，高田忠周疑其象編竹之目，與籀文从匚同意，匚即凵，亦罒也(註1)。魯實先先生言「罒」乃「⊞」之省，即𤰔之省體，為「囟」之古文；并為曾方或曾氏所作之器(註2)。其說可从。銘又見罒冊父癸爵(三代十六.三五)，罒母觶(續殷下.五三)二器。於本銘罒字用為人名或族稱。殆曾方或曾氏為其「父癸」而作之禮器。

四、註：

1. 參見古籀篇八十第三一頁。
2. 參見殷契新詮之四、二頁；之二，六八頁。

458 父癸爵

一、銘文：

二、隸定：

褎，父癸。

三、考釋：

此爵為褎方或褎氏為其父癸所作之禮器。

459 稽母壬爵

一、銘文：

459

二、隸定：

稽，女壬。

三、考釋：

銘首「□」字，于氏自隸為「稽」字（註1），殆與遣弔盨作□（三代十、三五）者形近。然甲文「遣」字作□（後下三十）、□（珠四七〇）形，而金文作□（大保簋 三代八、四十），或省口作□（小臣遣簋 三代九、十二），或从辵作□（□鐘 三代一、六五），或从走作□（趞弔鼎 三代三、四）形，與此銘形體稍異，字从夭从□，與趞卣作□（三代十三、三四 作尊），遣尊作□（三代十一、三五）形，所从者同，阮元釋為□（註2）。高田忠周言字从鬼，實為魋字，蓋趡之異文（註3）。吳闓生釋作「趯」，為「𧺆」之變體（註4），悉於形構不類，未足采信。或以「趞」字釋之，若吳大澂（註5）、郭沫若（註6）之說是也。今姑从于氏之說釋為「稽」，此殆用為作器人名。「女」、「毋」於古文字中可通，與本書五〇器司毋戊鼎皆用「女」為「毋」，彝銘亦屢見不鮮。全銘係稽為母壬所作之禮器。

四、註：

1. 參見錄遺目錄十六頁下。
2. 參見積古卷四、二十三頁壺鼎。
3. 參見古籀篇六十三第一六頁。
4. 參見吉文卷一、第一二|一三頁壺鼎。
5. 參見窓齋十三冊十二頁趠尊。
6. 參見兩攷一五頁趠尊。

460 𢉩兄癸爵

一、銘文：

460

二、隸定：

庚，兄癸。

三、考釋：

銘首「庚」字，舊釋為「庚」、「丙」二字之合文，然「庚」本象有耳可搖之樂器形，下从「丙」，所謂「丙」者，即樂器之「鏞」，字乃為作器者之名。

「兄癸」二字，卜辭兄作□〈拾二·五〉、□〈藏·十三·二〉、□〈後下·十九·六〉、□〈前·一·三四·一〉、□〈戩·二三·四〉形，彝銘則作□剌卣〈三代·十三·三十〉、□兄戊父癸鼎〈三代·二·四十〉、□蔡姞簋〈三代·八·五三〉、□齊鎛〈三代·一·六六〉形，或存異構作□□兄癸卣〈三代·十三·五三作□〉形，後有从兄生聲者作□王孫鐘〈三代·一·六三〉形。說文八下兄部云：「兄，長也。从儿从口。」林義光言「兄」字象「人哆口形，兄帥教，與后同意。故疑弟本義為次第，則兄本義當為滋長。」（註1）然从儿从口，何由見滋長之義耶？故高鴻縉謂「兄」字乃「祝」之初字，从人从口會意，其作□者，乃从厶从口會意。均並列名詞。祝官先述人求福之祝辭，次述神降福之嘏辭，為長於言辭之人也。後借用為兄長之兄，乃加示旁為意符作祝（註2）。說蓋切近。甲、金文言「兄某」者，即兄長某也。或父兄連文，若楚良臣余義鐘銘云：「樂我父兄」〈三代·一·五十〉，沇兒鐘銘云：「及我父兄庶士」〈三代·一·五三〉，王孫鐘銘云：「用樂嘉賓父兄」〈三代·一·六三〉是也。全銘係庚方或庚氏為「兄癸」所作之禮器。

四、註：

1. 參見文源。
2. 參見字例四篇八一一一八二頁。

一、銘文：

461 亞□凵爵

461

二、隸定：

亞[glyph]凵。

三、考釋：

銘僅一見，「亞」下二文，李孝定謂：「从臼从凵，凵，古筶字，字不可識。」(註1)說文五上凵部云：「凵，凵盧，飯器，以柳作之，象形。筶，凵或从竹，去聲。」朱駿聲云：「一說去亦古凵字。」(註2)周法高云：「字从凵从奴，當是弃字。」(註3)考「[glyph]」與「奴」二字字形迥異，彝銘亦未見有如是作者，故李、周之說可疑，實未審其何物也。于省吾以三字目之，而李、周二氏則合二文為「弃」字，存疑。此殆用為作器者名或氏族之稱。

四、註：

1. 參見金詁附錄(二)一一七六頁。
2. 參見說文通訓定聲第九部八十五頁。
3. 參見金詁附錄(二)一一七六頁。

462 亞爵

一、銘文：

462

二、隸定：

亞□□

三、考釋：

此爵銘「亞」字下二字漫滅，未審何字，从闕。

463 子▇☓爵

一、銘文：

463

二、隸定：

子[示]單。

三、考釋：

銘中「▇」字，又見子▇爵（三代、十五、三二）、▇步爵（三代、十五、三三）、▇[illegible]爵（三代、十五、三六）、子▇卣（三代、十三、四二）、子▇乙𠀠爵（三代、十六、三二）、𠀠爵（三代、十五、十四）諸器，而諸家釋說不一，徐同柏言象「且」字到文（註1）。方濬益以為「芾」之象形（註2）。又言祖（註3），再疑為「豐」之象形（註4）。狐惑不定，一字數議。吳大澂謂古「登」之象形（註5）。又釋為「俎」形（註6），亦游移其志。高田忠周言為「凵」之古文，字本作𠀠，或省作凵也（註7）。吳其昌謂其象石斧之形（註8）。吳式芬釋作「壬」（註9）。劉心源釋作「工」（註10）。李孝定疑為「示」之異構，與契文示作𠀠形近（註11）。眾說悉憑空託語，難尋實徵，且揆其形構，亦與諸家之說不類，存疑

・彝銘殆用為氏族之稱・全銘殆子方示氏名單者所作之禮器。

四、註：

1. 參見从古卷十四、九頁商子且爵。
2. 參見綴遺卷十、十一頁子芇卣。
3. 參見綴遺卷十九、二十頁子祖爵。
4. 參見綴遺卷二十二、十頁持籌執中爵。
5. 參見古籀補二十二第一頁。
6. 參見愙齋二十三冊六頁下俎形倒子形爵。
7. 參見古籀篇二十二第一頁。
8. 參見金文名象疏證四七七—四八四頁；四八八頁。
9. 參見攈古卷一之二第六七頁子壬爵。
10. 參見奇觚卷七第二頁子爵。
11. 參見金詁附錄(一)五九七頁。

464 羊䢅車爵

一、銘文：

464

二、隸定：

羊䢅車。

三、考釋：

此銘「羊」者僅圖其首角之形，蓋「羊」字之異構。「則」字从八从貝，八疑為緐飾。此蓋羊方則氏名車者所作之禮器。同銘者，又見本書三五一羊則車觚。

一、銘文：

465

465 □□耒爵

二、隸定：

□□耒

三、考釋：

此銘上二字未識，疑為氏族之圖騰，闕。末字「□」象農具之形，殆為作器者之名。同銘者，又見本書五一耒鼎。

一、銘文：

466

466 亞□爵

二、隸定：

亞□丁

三、考釋：

此爵銘亞下著一獸形，張口脩身，大耳歧尾，疑麢麞之屬。唯無熇徵，闕。此殆係人名或族稱。器右下角似著一陽識「▲」字，疑即用為干支人名之「丁」字。于氏目錄析為三字，而李孝定則合為二字[註1]。殆偶未察耳。全銘乃亞方□氏名丁者所作之禮器。

四、註：

1. 參見金詁附錄(二)一一八○頁。

467 中作公爵

一、銘文：

467

二、隸定：

中作公。

三、考釋：

「中」乃作器之人名，又見本書三七八中爵。「公」或爵稱，或人名。此爵乃中為公所作之禮器。

468 [glyph]丁爵

一、銘文：

468

二、隸定：

希丁乚

三、考釋：

銘首「[glyph]」字，又見亞中[glyph]父己觶（三代．十四．四五）、子[glyph]觚（續殷下．四一）、子[glyph]鼎（三代．二．三二）諸器銘，李孝定言其「象魚脊之形，字不可識。」（註）考說文九下希部云：「希，脩豪獸，一曰，河內名豕也。从彑、下象毛足。」銘文正象脩豪獸之形，乃「希」之初文，卜辭或用為方名，即經傳之「蔡」方。此亦為方名或氏族之稱。銘末「乚」字，未識。此殆希方或希氏名丁乚者所作之禮爵。

469 八冊且辛爵

一、銘文：

469

二、隸定：

八冊，且辛。

三、考釋：

銘首「亼丨」，未識。然「亽」字又見本書二四三頁卣，或釋「大」（註1），或釋「冰」（註2）；而「𠂆」字屢見，作「師𠂆鼎（三代三．四三）、𠂆姞氏簋（錄七四八）、𠂆伯姬簋（三代七．八）形，方濬益以其象院牆之形（註3）。楊樹達言為「止」字，亦即「之」字，保子達𣪘銘：「永用𠂆」者，即「永用之」也（註4）。然西安半坡陶文亦存子遺（註5）：

5 6 7 8 9 10 11

李孝定疑為古之氏族名，至商周猶存者也（註6）。然則二文合作「亼丨」，亦不明其義，從闕。下文「[illegible]」字，左右从二丩，中作[illegible]，亦未識何字，此蓋作器者之名。全銘乃亼兟為且辛而作之酒爵。

四、註：

1. 參見壽縣所出楚器考釋，載考存一一五頁，劉節之說。
2. 參見古籀篇五第三五頁，高田氏說。
3. 參見綴遺卷二十三、二十二頁周垣重屋祖己觶。
4. 參見積微二一九－二二。頁保子達𣪘跋。
5. 參見半坡遺址綜述八三頁、圖三九，其以為示意符號。
6. 參見漢字史話，載南洋大學文物彙刊創刊號五一頁；又西安半坡插圖一四一。

470 壬冊父丁爵

一、銘文：

二、隸定：

壬冊，父丁。

三、考釋：

此爵銘首二字為「壬冊」，「壬」字見於本書四四八、四五九器，與此銘形殊，其異構耳。全銘乃作冊壬為父丁所作之禮器。

471 亞中向父戊爵

一、銘文：

二、隸定：

亞向揚，父戊。

三、考釋：

此爵銘首「亞」中著一「向」字，甲文向作向（前二．三．五）、向（前二．二九．七）、向（前四．九．八）形。說文七下宀部云：「向，北出牖也。从宀从口，詩曰：塞向墐戶。」林義光謂：「口象牖形，宀象屋在其上。」（註一）

羅振玉言：「口象北出牖，或从口，乃由口而譌；口日形近，古文往往不別。」(註二)其說是也。宀蓋象屋側視之形，非如李說(註三)。字於卜辭為地名。金文則用為族名或人稱。下文之「[illegible]」字，似二人蹲踞相嚮，手中揚物之形，疑為「揚」之初文。金文揚从丮作[illegible](細卣 三代十三．三八)、[illegible](君夫簋 三代八．四七)、[illegible](矢簋 錄遺．一六七)形，說文十二上手部云：「揚，飛舉也。从手昜聲。」乃後起形聲字，此其初文。此爵銘殆向揚為其父戊而作之禮器。

四、註：

1. 參見文源。
2. 參見增考中十二頁下。
3. 參見甲文集釋第七、二四四三頁向字條下，言宀象正視之形，口象牖形。

472 刀子父壬爵

一、銘文：

472

二、隸定：

刀子，父壬。

三、考釋：

此爵銘橫書「刀子」，蓋為作器者之族稱人名。「刀」字既見於本書三三劢鼎考釋，唯此刀面雕鏤花紋。全銘乃刀方或刀氏名子者為其父壬所作之禮器。

473 父癸爵

473

一、銘文：

舟辛，父癸。

二、隸定：

三、考釋：

此爵銘左右橫書，「舟」殆用為方名或氏族之稱；「𠂢」字疑為「辛」字之異構，乃作器者之名。此爵乃舟方或舟氏名辛者為其父癸所作之禮器。

474―475 𠧪（𠧪）乍妣丁爵一―二

474

475

一、銘文：

二、隸定：

舌乍妣丁。

三、考釋：

爵銘二器同，銘首「𠯑」形亦相近，當為一字，與本書四八五器之「𠯑」形殊，蓋即于氏所謂象鍚物之殘靡者也，乃「舌」字之異構，此用為作器者之名。甲、金文率以「匕」為「妣」，此則从匕从女，妣亦與妣同，用為祖妣之「妣」。全銘蓋「舌」為其「妣丁」而作之酒爵。

一、銘文：

476 𢻫宁父戊爵

476

二、隸定：

𢻫宁[个]，父戊。

三、考釋：

此爵銘首作「𢻫」形，字亦見於甲文作𢻫〈藏.一五四.一〉、𢻫〈拾.八.八〉、𢻫〈前.三……〉（一）、𢻫〈前.六.九.五〉、啓〈後.上.三十.五〉、𢻫〈甲.三八.十三〉、𢻫〈戩.四八.一〉形，金文則作𢻫 𢻫方彝〈錄遺五〇九〉、𢻫 斐鼎〈三代.三.七〉、𢻫 𢻫伯壺〈三代.十二.九〉、𢻫 逐鼎〈三代.三.十八〉形。楊樹達據甲骨銅器有「𢻫」字，而「謂𢻫从又从户，為以手開户之義。」（註1）高田忠周亦云：「開戶義之⿰户攴，⿰户攴亦或作⿰户攴，而啓即从口⿰户攴聲。」(註2) 今文多作从口之啓，或从聿之肇，乃後起之形聲字。銘正象以又（手）開戶之形，本義當訓為開。卜辭或有作地名用者，若：「戊申卜永貞：垦乘出保，在⿰户攴。」(庫一五九三) 是也。此或用為人名，或氏族之稱。「亞」字習覯，當係「宁」之異構。下銘「⬇」字未識，蓋與吉上所从之形類，唯其到文耳，或為「矢」象形，待考。此爵銘乃⿰户攴方宁氏⬇者為其父戊而作之禮器。

四、註：

1. 參見積微八十六頁遂攺諆鼎跋。
2. 參見古籀篇四十八第三一頁。

477 攸作上父爵

一、銘文：

477

二、隸定：

攸作上父寶⿰阝尊彝。

三、考釋：

銘首「攸」字見甲文作攸(前二.二十六.五)、攸(前四.三十四)、攸(前五.三十三)、攸(前六.九.三)形，彝銘或與甲文形同作攸井鼎(三代四.十三)形，或加水作浟頌鼎(三代四.三九)形。

王襄言字為「條」省（註1）；葉玉森以字象持卜擊人，與「役」字構造法相似，然亦疑為「條」省（註2）。林義光則以字从攴从人：即「修」之古文，飾也；攴象手持物形，人所飾者也，修為攸偽（註3）。魯實先先生云：「字當隸定作攸，攴、殳古通用，故它辭亦作伇，即役之古文，字於卜辭有三義：(一)疫之初字；(二)蓋為豫之段，安也；(三)方名。」（註4）然契文攸、伇用法有別，[illegible]形構亦殊。說文三下攴部云：「攸，行水也。从攴从人水省。汥，秦刻石嶧山石文攸字如此。」考甲骨、金文，字率从人从攴，會意。其形構為「持兵襲人，被逐者乃處險境，左傳昭公十二年傳：『湫乎攸乎』，注云：『懸危之貌』，即此誼也。又或从⋮，蓋象人被血汗，後誤从水，遂有行水之說，由人之奔逃變為水之急流，孟子：『攸然而逝』，注云：『迅走水趨深處也。』」（註5）然字無持「兵」之象，蓋象持物擊人背之貌，懸危之誼於此可見，其說可从。是器銘蓋用為人名。

「上」字見甲文作二（前二．五二）、二（前二．十四．二）、二（後上八．七）、二（後下八．六）形，金文作二虢弔鐘（三代一．五七）、二齊侯壺（三代十二．三三）、上上官登（周三．一六七）形，說文一上一部云：「丄，高也，此古文上，指事也。𠄞，篆文丄。」段注則改古文作二，篆文作丄，審諸甲、金文，可見其卓然深識矣。林義光以一象上下之界也，一識其上（註6）。商承祚言象大物承小物在上，與下之作(一)，象大物覆小物在下之義一也（註7）。高鴻縉則以一為通相解之，云：

「初民作一仰弧形，而以一點指明其上，弧形不拘何物，作通象以表之。」（註8）然恐字與紀數之二易混，故金文、小篆悉曲筆添畫加以示別，「上」為指事字。高、商二氏之說可从。本銘「上父」之「上」，則用為人名。

四、註：

1. 參見簠考地望四頁。
2. 參見前釋二卷十一頁上。
3. 參見文源。
4. 參見姓氏通釋之一，載東海學報一期三一頁。
5. 參見金詁卷三、一九三一頁。
6. 參見文源。
7. 參見古攷三－四頁。又田倩君說同，載中國文字三十八冊一－二頁釋上。
8. 參見字例三篇六○－六一頁。

第十節　角

夫角如爵而無柱，其口兩端射出如角之銳，或有蓋，或分當一底），下有三足，用以溫酒，與爵相同。禮記禮器：「卑者舉角」注及考工記、梓人疏引韓詩說，皆以「四升曰角」。角之銘文極簡，多不稱器名，而以「彝」、「尊」之共名名之。銘文多在鋬內，或腹內，然其有蓋者，則多器蓋同銘。本書著錄角銘，唯父辛角一器。

478 父辛角

一、銘文：

478

二、隸定：

褱，父辛。

三、考釋：

此角乃褱方或褱氏為其父辛所作之禮器。同銘者又見本書四五五父辛爵。